elefante

elefante

Edição
Tadeu Breda

Assistência de edição
Natalia Engler

Preparação
Érico Melo

Revisão
Laura Massunari
Luiza Brandino

Direção de arte
Bianca Oliveira

Assistência de arte
Yana Parente

Diagramação
Daniela Miwa Taira

Os desafios da revolução digital

libertar o conhecimento para o bem comum

Ladislau Dowbor

Apresentação

Dizem que, para fazer uma análise objetiva, devemos, de alguma forma, ser isentos, desinteressados. Efetivamente, não tenho nenhum interesse comercial na forma como apresento os argumentos deste livro, mas não sou desinteressado. Sempre me moveu a indignação com a injustiça e a crueldade que vemos no mundo, com a incompetência com que governos e corporações gerem os nossos recursos. Ser objetivo, explica Gunnar Myrdal, não é ser indiferente, mas deixar claro para o leitor as suas motivações. A primeira frase de Tom Malleson (2023) em seu livro *Against Inequality* [Contra a desigualdade] é muito explícita: "Elon Musk, CEO da Tesla e pessoa mais rica do mundo, possui atualmente 270 bilhões de dólares. O trabalhador estadunidense médio precisaria trabalhar 7,5 milhões de anos para ganhar isso". Ou seja, a cada catorze minutos, Musk ganha o equivalente ao que um cidadão típico dos Estados Unidos recebe em quarenta anos de labuta. Isso não é capitalismo — um sistema que supostamente assegura equilíbrios básicos através dos mecanismos de mercado, da "mão invisível", recompensando esforços. Pois, na verdade, não são invisíveis as formas por meio das quais uma ínfima minoria — estamos falando do 0,01% de adultos do planeta — se apropria dos recursos, ao mesmo tempo que emperra o desenvolvimento e destrói o meio ambiente; hoje, essas formas são apenas mais complexas e, consequentemente, menos compreendidas. Este livro procura tornar visível e inteligível o modo de funcionamento desses mecanismos na atualidade. Sim, porque nas últimas décadas as coisas mudaram.

Para quem acompanha a sequência de minhas pesquisas — em livros como *A reprodução social*, *Democracia econômica*, *Tecnologias do conhecimento*, *Pão nosso de cada dia*, *A era do capital improdutivo*, *O capitalismo se desloca*, *Resgatar a função social da economia* e em numerosos artigos —, ficará claro o objetivo de explicitar os mecanismos econômicos que nos regem. Porque, se não tivermos mais gente que entenda como se dão as falcatruas (termo muito moderado para o que efetivamente acontece), dificilmente criaremos a força para corrigir os rumos. Essa sequência de pesquisas me levou gradualmente a entender melhor a dimensão global, sistêmica, das mudanças das últimas décadas, que são simultaneamente ambientais, econômicas, sociais, políticas e culturais. Aproveitando muitos estudos nacionais e internacionais sobre diversos aspectos dessas mudanças, cheguei à convicção de que é preciso juntá-los para entender como se articulam. A lógica do conjunto mudou, resultado da revolução digital — tão profunda, a meu ver, como foi a Revolução Industrial mais de dois séculos atrás. É necessário ir além das análises de como o passado se deforma em diversos aspectos e entender qual é a nova realidade que está surgindo, em termos sistêmicos.

Estamos enfrentando um sistema muito mais perverso do que o capitalismo industrial, que era sem dúvida explorador, mas também produtivo. A desigualdade hoje se aprofunda de maneira mais acelerada e com pouca base produtiva: é um sistema essencialmente extrativo que se dá à custa de uma destruição ambiental cada vez mais catastrófica. Pior: gera um controle político que destrói a democracia e, portanto, nossa capacidade de reverter o processo. Chamar isso de "capitalismo", por mais explorador que ele tenha sido, é lhe dar um verniz de legitimidade.

Em termos de enfoque geral, em vez de elencar as deformações do capitalismo que conhecíamos, acrescentando-lhe qualificativos, a ideia é pensar o novo sistema que está emergindo. No século XVIII, com as manufaturas, podia-se pensar que o feudalismo apenas se modernizava, mas mais importante foi quem estudou o novo sistema que estava nascendo. O foco da presente pesquisa são as atuais mudanças, mais aceleradas e profundas do que foi a própria Revolução Industrial relativamente à era feudal. A agricultura não desapareceu, mas o eixo transformador passou a ser a indústria. Hoje, a agricultura e a indústria não deixam de ter relevância, mas quem manda são os teclados e o sistema de controle digital.

Não apresento aqui um elenco das nossas desgraças. Os dramas sociais e ambientais que nos desafiam estão escancarados, bem como o caótico comportamento das grandes corporações que os geram. Por trás das desgraças há o problema maior, que é o da nossa impotência para enfrentá-las. Ou seja, o que está no centro da discussão é a questão da governança: como assegurar um processo decisório que nos permita reverter as tendências? Nossos potenciais tecnológicos ultrapassaram em muito nossa capacidade de organização social e os próprios valores que deveriam reger o seu uso. Não hesito dizer que enfrentamos uma crise civilizatória.

Ladislau Dowbor
São Paulo, 30 de novembro de 2024

Introdução

> *O neoliberalismo permitiu a geração de enormes "rendas": os lucros de monopólio que são uma das maiores fontes das atuais desigualdades [...]. O neoliberalismo como sistema não se sustenta.*
>
> — Joseph Stiglitz, *The Road to Freedom* (2024)

Há tempos estamos rodeando o pote sem efetivamente meter a colher. O que aconteceu com o capitalismo que conhecíamos? Como os novos mecanismos não cabem nos conceitos tradicionais de análise do capitalismo industrial, lhes acrescentamos qualificativos: "capitalismo corporativo" (Robert Reich), "capitalismo extrativo" (Mariana Mazzucato), "capitalismo real" (Grzegorz Konat), "neofeudalismo" (Joel Kotkin), "capitalismo parasitário" (Zygmunt Bauman), "capitalismo rentista" (Brett Christophers), "capitalismo de vigilância" (Shoshana Zuboff), "capitalismo cognitivo" (Eric Sadin), "capitalismo sem capital" (Jonathan Haskel e Stian Westlake) — este último, no mínimo, um qualificativo estranho: o capitalismo sem capital ainda é capitalismo? Klaus Schwab, fundador do Fórum Econômico

Mundial de Davos, resolve as dúvidas acrescentando números à medida que as coisas mudam: agora estaríamos na Indústria 4.0.

Também são interessantes os conceitos de "capitalismo canibal", de Nancy Fraser — o sistema que devora as capacidades produtivas de longo prazo, o próprio corpo da economia —, e de "aristocracia corporativa", de Marjorie Kelly, uma classe que hoje vive de rendas, ainda que se autodenominem "investidores". Adotar "neoliberalismo", em vez de "liberalismo", resolve? O termo se popularizou, pois a partícula "neo" indica mudança. Thomas Piketty (2014) explica bem: aplicações financeiras rendem mais do que investimentos em produção, sobretudo quando as atividades produtivas se submetem aos novos mecanismos de extração de dividendos. Seguindo essa linha de raciocínio, adotei "capitalismo improdutivo". Hoje me dou conta de sua insuficiência.

O capitalismo foi assim denominado em época relativamente recente e adquiriu raízes teóricas e científicas de análise a partir de Adam Smith, em 1776, e Karl Marx, um século depois. No centro do conceito está o mecanismo de acumulação de capital. Ou seja, não se trata da existência de riqueza ou de gente rica com bens ou dinheiro — isso sempre houve —, mas de sua inserção no processo de reprodução de capital, que se valoriza por meio de investimentos: não se trata de ter iates e aviões, que constituem patrimônio, mas sim uma empresa que produz aço, por exemplo, que será vendido para outras empresas, que produzirão casas e automóveis, fornecendo mais bens e serviços e gerando lucros a serem reinvestidos em mais capacidade produtiva, mais capital. A acumulação de capital é precisamente um processo expansivo. Essa capacidade de investimento que vai se expandindo é alimentada por lucros gerados pelo pagamento aos trabalhadores de um salário inferior ao valor produzido: a mais-valia. Trata-se, portanto, de exploração, mas uma exploração que se transforma em mais investimentos, mais empregos, mais lucros, mais capital e mais impostos para assegurar políticas públicas. A regulação dominante é feita por mecanismos de mercado, a "mão invisível". Era um sistema injusto, porém produtivo.

O conjunto do processo foi e continua sendo cada vez mais alimentado pela revolução científico-tecnológica, que nos deu a máquina a vapor, a locomotiva e o transporte ferroviário, a eletricidade, o motor a combustão, novos materiais químicos e tantas outras inovações que passaram por um boom no século XX com a eletrificação generalizada, o automóvel, o avião, a televisão, o computador, a química fina, a biologia, os primeiros passos na manipulação do genoma, e assim por diante. Essa pequena enumeração dos avanços científico-tecnológicos é necessária porque eles consistem no principal motor das transformações: as pessoas tendem a glorificar o capitalista que aplica os avanços científicos, mas apreciam muito menos os cientistas que os criaram. James Watt, Benjamin Franklin, Michael Faraday, Albert Einstein e Marie Curie, que revolucionaram a base energética do planeta, colocaram nas máquinas industriais e em nossas mãos um volume de energia que multiplicou centenas ou milhares de vezes a força dos nossos músculos. Esses pesquisadores deslocaram de forma estrutural a relação entre o ser humano e a natureza. A inovação científica foi e continua sendo o principal motor das transformações econômicas. O capitalismo foi uma forma passageira de sua aplicação.[1]

A Rússia saiu da Idade Média em 1917 e se tornou em poucas décadas uma potência industrial. A China se expandiu de maneira absolutamente impressionante,

1 Stiglitz (2024, p. 227) lembra bem: "A maior parte da inovação que elevou os níveis de vida nas recentes décadas repousa nos fundamentos da ciência básica, financiada e frequentemente conduzida pelo governo. Mas não é só o caso de que os mercados por si mesmos sejam insuficientemente inovadores — eles empurram a inovação na direção errada".

por outras vias. A Polônia, que era exportadora de carvão e grãos para a Alemanha e outros países da região, industrializou-se na fase socialista, criando uma indústria pesada e grandes infraestruturas, e realizou volumosos investimentos sociais, que foram aproveitados na posterior organização da economia de mercado. A Europa se recobriu de ferrovias e empresas de transporte, organizadas e geridas pelo Estado, que funcionam de maneira eficiente. As empresas industriais capitalistas também contribuíram, sem dúvida, para multiplicar exponencialmente nossas capacidades produtivas. Esse olhar mais amplo é importante para lembrarmos que a sociedade está em plena mutação, que as tecnologias atuais avançam ainda mais rapidamente e que manter a ideia de que a nossa relativa prosperidade se deve aos "capitalistas" e aos "mercados" significa simplesmente congelar nossa forma de ver as transformações do planeta. O principal vetor das transformações foi a base científica da humanidade, com contribuições transitórias do capitalismo industrial e de outras formas de organização.

Aliás, a fase mais próspera do capitalismo foi a dos trinta anos de ouro do pós-guerra, quando houve um equilíbrio inovador entre o setor público e o mundo empresarial, no quadro do Estado de bem-estar social, que funcionou apenas no grupo dos países mais ricos, cerca de 15% da população mundial. Na atualidade, a aristocracia financeira, os gigantes da comunicação (as plataformas digitais) e as corporações mundiais de intermediação de commodities (os *traders*), com a sua entusiasmada rapaziada manejadora de algoritmos, pouco têm a ver com o empreendedor industrial tradicional. Essa profunda mudança do sistema alimenta os vários qualificativos acrescentados à palavra "capitalismo" simplesmente porque a nova realidade não cabe nos antigos conceitos. Mas não basta adicionar qualificativos: é preciso pensar se isto ainda é capitalismo e entender melhor como as diferentes mudanças se coagulam em um novo formato, um novo modo de produção.

Elencamos aqui vários mecanismos de apropriação do excedente social no quadro da evolução do capitalismo industrial para o rentismo digital. Esses mecanismos envolvem o domínio das plataformas com relação às empresas tradicionais e, em particular, o controle do imaterial ou intangível, o que permite dispositivos muito mais amplos de apropriação em escala planetária, sem a correspondente criação de bens e serviços, empregos e bem-estar econômico. Os sistemas de intermediação financeira, o controle financeiro dos sistemas comerciais e de marketing, a apropriação privada das infraestruturas, a intermediação global do acesso a recursos naturais, o rentismo baseado na apropriação de imóveis rurais e urbanos, o uso especulativo das políticas sociais, como saúde e educação, a guerra para dificultar o acesso ao conhecimento acumulado na sociedade, com patentes e copyrights, impondo pedágios aos avanços científicos, são exemplos de um conjunto de atividades que, acima do nível do produtor efetivo de bens e serviços, do pesquisador, do país dono de recursos naturais, são privilégio de uma classe de rentistas que se apropriam de cada movimento através de juros, tarifas e sobrepreço. Isso leva, por sua vez, à formação de um clube dos ricos que detém imenso poder econômico, financeiro, político e midiático, essencialmente por controlar direitos sobre atividades ou patrimônios de terceiros.

Há mais de uma década, o instituto federal suíço de pesquisa tecnológica ETH apresentou uma descoberta de grande importância no primeiro estudo global da estrutura do poder corporativo mundial, que utilizei em meu livro *A era do capital improdutivo* (2018). Na essência, os autores mostram que 737 grupos controlam 80% do mundo corporativo, e que, destes, um núcleo de 147 domina 40%. A qualificação de "clube dos ricos" é dos autores, que a justificam: o topo é ocupado por pessoas que se conhecem e criam instituições de articulação, como o Institute of International Finance (IIF). Guerras, sim, para ver quem compra quem, mas nada de concorrência para prestar melhores serviços: eles essencialmente gerem "ativos" (*assets*), ou seja, constituem uma superestrutura de controle e extração, por meio do mundo digital. O estudo do ETH (Vitali, Glattfelder & Battiston, 2011)[2] representou um avanço, sem dúvida, mas hoje precisamos de pesquisas em nível mais amplo, que considerem o denominador comum do controle encadeado (A controla B, que controla C, D, E etc.), com participação cruzada. Esses controles foram ampliados de maneira radical pelos sistemas digitais, que permitem dinâmicas em escala muito maior.

Michael Hudson (2022) tem razão ao afirmar que está em jogo o destino da civilização. O fundo de investimentos BlackRock, por exemplo, que administra 10,5 trilhões de dólares, tem mãos nos mais diversos setores, da saúde à mineração e à comunicação, em nível planetário. A infraestrutura produtiva — a indústria com suas máquinas, proprietários de meios de produção e trabalhadores assalariados — é controlada por plataformas, computadores, algoritmos e inteligência artificial, mas

2 Uma pesquisa inicial sobre a estrutura do controle corporativo no Brasil, utilizando metodologia semelhante, pode ser encontrada em Rodrigues (2023).

a superestrutura — o Estado regulador e o marco jurídico correspondente — está em busca de novos rumos. A base econômica se deslocou, e as instituições continuam no século passado. Voltaremos a essa dimensão várias vezes.

Enquanto não surge um sistema regulador global, os interesses corporativos simplesmente reinam — e drenam. A economia mundial está na era digital, mas as instituições públicas, a gestão política e as regras do jogo se mantiveram na era analógica. Sem instrumentos de influência ou regulação, o mundo se aprofunda na catástrofe econômica, social e ambiental. A impotência institucional nos leva a uma desastrosa desarticulação sistêmica, justamente quando a ciência e a riqueza que produzimos permitiriam uma vida digna para todos, sem destruir o planeta. Nosso problema não é econômico, é de governança. A gestão pública não é o problema, é o caminho.

Depois de listarmos os diferentes adjetivos — rentista, extrativo, canibal, parasitário etc. — que tantos pesquisadores consideram necessário acrescentar ao termo "capitalismo", a questão básica é se seria adequado continuar a chamar esse sistema de "capitalismo". Sugiro aqui que é cientificamente mais produtivo e teoricamente mais adequado condensar as diferentes transformações do sistema capitalista e considerar que estamos diante de um novo modo de produção. O fato básico é que a revolução digital trouxe mudanças tão profundas ao sistema capitalista quanto as ocasionadas pela Revolução Industrial nos diferentes modos de produção rurais, em particular o feudal. Em termos teóricos, é bastante coerente considerar que, a partir de certo nível de mudanças quantitativas, o sistema sofre uma mudança qualitativa, o que exige uma ampla reformulação conceitual. A imagem clássica é a da borboleta como uma evolução da lagarta: ela parte dos mesmos componentes, mas tem outra natureza, funciona de outra maneira.

A infraestrutura técnica mudou radicalmente com as tecnologias que nos interligam instantaneamente em todo o mundo, como o dinheiro virtual e o acesso à informação e ao conhecimento. O tempo e o espaço pertencem atualmente a outro paradigma de organização. Mais importante ainda, o principal fator de produção passou a ser o conhecimento, com a inteligência artificial (IA), a informação virtual e a tecnologia em geral. As máquinas podem ser trancadas numa fábrica, mas o conhecimento é radicalmente diferente, uma vez que pode ser difundido sem custos adicionais, o que leva ao entendimento de que ele é um bem comum. O mecanismo dominante de extração de excedentes econômicos, por outro lado, passou da exploração através de baixos salários — mas com atividades produtivas — para as plataformas financeiras de comunicação, informação e apropriação de dados privados. Consiste mais na extração de renta[3] do que na acumulação de capital produtivo, o que também tem sido chamado de "financeirização", sem a correspondente contribuição produtiva.

O conceito de "modo de produção", nesse sentido, volta a ser particularmente interessante. Permite um recuo no tempo e um enfoque sobre a mudança estrutural do próprio sistema que nos rege. Embora pareça simplista,

3 Em francês, é clara a diferença entre *revenu*, a renda, por exemplo, do trabalho, e *rente*, os rendimentos sem base produtiva. Em inglês também existe diferença entre *income* e *rent*, com os mesmos sentidos. A revista *The Economist*, quando quer explicitar, diferencia *productive investment* de *speculative investment*. Em português, são poucos os que distinguem *investimento* de *aplicação financeira*, e os especuladores preferem se autodenominar "investidores". Entre as personagens de Machado de Assis, há pessoas que não trabalham, "vivem de rendas". O conceito de "aristocracia financeira" é bem adequado: tecnologias modernas a serviço de um parasitismo de outros tempos. Thomas Piketty, em *O capital no século XXI* (2014), traz excelentes exemplos da aristocracia financeira na França. No Brasil, precisamos fazer uma diferenciação entre a legitimidade da *renda* e a improdutividade da *renta*, base do *rentismo*.

o esquema do quadro 1, elaborado por mim, ajuda a repensar a atualidade de forma sistêmica.

Há dez ou doze mil anos, quando a agricultura começou a se generalizar, transcendendo a pesca, a caça e a coleta, ela passou a ser o eixo estruturante das sociedades. Até a Revolução Industrial, no século XVIII, a base da economia era a terra. Seu controle gerava feudos, e o trabalho de servos ou escravizados era explorado por diversos tipos de aristocracia. A apropriação do excedente social se dava através de várias taxas que os trabalhadores da terra deviam pagar. Os feudos eram territórios ou províncias, essencialmente divisões territoriais mantidas com a força militar, o porrete e a Inquisição. Na narrativa, era o sangue azul dos nobres e a vontade de Deus.

A Revolução Industrial fez da máquina o principal eixo estruturante da sociedade. A agricultura não desapareceu, mas passou a ser coadjuvante. Se o núcleo do poder econômico anterior era o feudo com os servos — portanto, a posse da terra —, agora eram as fábricas e os operários. Os que se apropriavam do excedente social eram os capitalistas, por meio de salários baixos e mais-valia. Os operários eram livres para procurar outros empregos, segundo o liberalismo. No caso de greves mais amplas, sempre havia o porrete. No espaço expandido, formaram-se as nações, fenômeno recente, inclu-

Revolução Agrária	Revolução Industrial	Revolução Digital
...1760	1760-1980	1980...
Terra	Máquinas	Conhecimento
Feudos	Fábricas	Plataformas
Servos/escravos	Operariado	Precariado
Aristocratas	Capitalistas	Rentistas
Taxas/dízimo	Salários/mais-valia	Drenos financeiros
Províncias	Nações	Global
Porrete e inquisição	Porrete e liberalismo	Porrete e neoliberalismo

Quadro 1 — Modos de produção feudal, capitalista e informacional

sive na Alemanha e na Itália — basta contar quantas nações havia na recém-criada Organização das Nações Unidas (ONU), em 1945, e comparar com o número atual: hoje são 193; na fundação, eram 50.

O conceito de revolução digital permite pensar a era atual não como uma "deformação" do capitalismo industrial mas como um novo modo de produção, de natureza informacional. Não desaparecem a indústria nem a agricultura; contudo, a informação, o conhecimento, a tecnologia, as finanças, a economia imaterial passam a ser o eixo estruturante. No esquema do quadro 1, colocamos o conhecimento como a principal base de construção da economia e as plataformas, como sua forma de organização. O precariado surge da situação em que o trabalhador é chamado quando necessário, e a principal forma de apropriação do excedente social se torna o rentismo, cujos formatos atuais veremos a seguir. As grandes fortunas e o poder econômico e político já não dependem de aristocratas, ou de capitães da indústria como Henry Ford, e sim dos donos das plataformas, os GAFAM (Google, Apple, Facebook, Amazon, Microsoft), ABCD (Archer Daniels Midland, Bunge, Cargill, Dreyfus), Sifi (*systemically important financial institutions* [instituições financeiras de importância sistêmica]), gestores de sinais magnéticos no nível planetário. No quadro do neoliberalismo — que justifica com suas narrativas a desigualdade e a destruição ambiental e nos mantém colados nas telinhas — também há, em caso de não aceitação dessas narrativas, o porrete.

O que vemos em comum nas diferentes eras são elites sempre prontas para viver do trabalho alheio através de diversos mecanismos econômicos de apropriação do excedente produzido pela população. Mecanismo, narrativa e porrete. É tempo de nos civilizarmos. Inclusive porque o conhecimento imaterial tem potencial de multiplicação sem custos adicionais e pode ser base de uma sociedade colaborativa planetária. Mas isso exige a modernização das instituições.

É importante notar que, enquanto o controle das novas tecnologias e as formas de organização do rentismo estão na era digital, a política e a regulação (o que chamamos de "democracia") vivem perdidas nas leis da era analógica, nos tempos da dominância da produção material. Nos níveis político e institucional, observamos tentativas de correr atrás das profundas transformações tecnológicas provocadas pela revolução digital: nossas leis e regulamentos são voltados para a economia material do século passado. As finanças e outras plataformas funcionam em escala global, mas a regulação é basicamente gerida em escala nacional, o que permite a existência de catastróficos vazios institucionais, como os paraísos fiscais, entre outros, mas também a impotência das instituições internacionais que datam da época dos Acordos de Bretton Woods.[4] Basta olhar a fragilidade das resoluções da ONU. Em muitos países e também nas reuniões do G20, tem-se discutido como assegurar a regulação das finanças, hoje imateriais, bem como da comunicação, da informação, da invasão de dados pessoais, da manipulação virtual da política e das religiões.

Seria muito mais produtivo identificar os principais desafios — devastação ambiental, desigualdade e pobreza, as grandes causas do sofrimento e do desespero humanos — e trabalhar em prol das mudanças institucionais indispensáveis. Isso significa que precisamos reconciliar as instituições com a contemporaneidade e as novas engrenagens e estruturas de poder da revolução digital. Não se trata de uma questão de ambição excessiva, mas de uma compreensão clara de quão dramáticos são nossos desafios, em escala global. A mudança institucional se tornou vital, no sentido original da palavra.

4 Os Acordos de Bretton Woods foram propostas elaboradas por 44 países em 1944, que definiram regras para o sistema monetário internacional. A conferência criou o Fundo Monetário Internacional (FMI) e o Banco Mundial. [N.E.]

Compreender que enfrentamos um novo conjunto de desafios e que a revolução digital é a base de um novo sistema nos ajudará a construir soluções sem carregar o fardo das simplificações e polarizações ideológicas acerca do que conhecíamos como capitalismo. Ao analisar as inovações de governança da China, Keyu Jin (2023) sugere que o país já está além do socialismo e do capitalismo.[5] A China avançou muito na adequação das instituições à revolução digital.

Se sublinhamos aqui a importância da mudança do paradigma de análise — de simples alterações do capitalismo até a constituição de outro modo de produção; não o passado que se deforma, mas o futuro que se articula — é porque ela é cientificamente mais adequada. Quando surgiram as manufaturas, no século XVIII, podíamos considerar que o feudalismo estava se modernizando, mas realmente significativo era o novo que surgia. Um segundo ponto importante, que desloca a base de análise da

5 A China ultrapassou a economia dos Estados Unidos em 2015, em termos de produto interno bruto (PIB) ajustado por poder de compra (produção efetiva, descontadas as diferenças de câmbio). Stiglitz (2024, p. 25) lembra que, em 2023, a produção chinesa era quase 25% superior à estadunidense. Para dados detalhados, ver FMI (2022).

sociedade, é que, com as novas tecnologias, hoje produzimos o suficiente para toda a sociedade viver de maneira digna e confortável. Os 110 trilhões de dólares de bens e serviços produzidos anualmente no planeta, equivalentes ao PIB mundial, representam cerca de 21 mil reais por mês por família de quatro pessoas: o desafio não é produzir mais, e sim reorganizar o que, para quem e com que impactos ambientais produzimos. Mais do que econômico, no sentido de escassez de recursos, nosso desafio é de organização social e política.

Terceiro ponto: a transformação da base tecnológica do planeta abre perspectivas para uma reorganização radical do sistema — da guerra de todos contra todos, no quadro da maximização de lucros, para um processo colaborativo. Quando o principal fator de produção passa a ser o conhecimento, este pode ser compartilhado sem custos adicionais. Diferentemente dos bens físicos, o conhecimento que compartilho continua comigo. Não é um bem rival, seu acesso pode ser universalizado. E o conhecimento é a principal força transformadora. Temos não só um desafio vital, mas uma imensa oportunidade. Manuel Castells (2024), que tanto nos ajudou com seu amplo estudo sobre a sociedade em rede, hoje resume: "No século XXI, uma nova estrutura social emergiu no mundo inteiro como forma dominante de organização em todos os domínios da vida humana".

Embora o enfoque que aqui apresento possa parecer demasiado ambicioso, ou até sonhador, devemos levar em conta que a humanidade está, sim, enfrentando um momento transformador. Apenas as pessoas mais alienadas não se dão conta da catástrofe que representa a convergência de desastres ambientais, desigualdade explosiva, caos financeiro e violência generalizada. É tempo de considerarmos de forma sistêmica as novas arquiteturas sociais que se desenham e avançam rapidamente, carregadas pelas novas tecnologias na sociedade do conhecimento.

1 Um novo modo de produção

Nunca, ao longo de toda a história humana, viu-se tal nível de desigualdade [...]. Em 2015, o 0,01% mais rico tinha uma renda média de 31,6 milhões de dólares, quase 2.100 vezes mais que a média de um trabalhador que recebe salário mínimo. O 1% mais rico dos estadunidenses detém 40% da riqueza do país, enquanto os 40% mais pobres detêm praticamente nada.

— Tom Malleson, *Against Inequality* (2023)

O fato de não considerarmos o atual sistema como "capitalismo" não significa que não haja apropriação do excedente social por minorias, como houve em diferentes modos de produção. O sistema escravagista se apropriava do produto alheio por meio da propriedade de pessoas; o modo de produção feudal, através da posse da terra e do controle dos servos. Não foi preciso esperar o capitalismo industrial para o surgimento da exploração e de minorias que se apropriam do produto social. Mas, enquanto o capitalismo industrial gerava ao mesmo tempo apropriação do excedente e aumento das capacidades produtivas, o rentismo se apropria do excedente sem a contribuição produtiva correspondente. Como escrevem Gar Alperovitz e Lew Daly (2008), trata-se de uma "apropriação indébita". Do ponto de vista econômico e ambiental, o sistema que herdamos das últimas quatro décadas é incomparavelmente mais injusto e mais destrutivo.

Fratura social: nova escala de exploração

No centro do novo processo está a financeirização. É essencial entender o impacto causado pelo fato de o dinheiro não ser mais material, sob a forma de notas impressas pelos governos, que levávamos na carteira e os bancos guardavam nos cofres. De acordo com o livro *How Money Works* [Como o dinheiro funciona], 92% da liquidez global é digital: ou seja, na carteira fica apenas um cartão, e nos bancos, o computador (Harzog *et al.*, 2017). O conjunto é gerido por algoritmos. Por se constituir apenas de sinais magnéticos, o espaço financeiro se tornou global, girando no quadro do *high-frequency trading*, em volumes radicalmente desconectados da economia real. A BlackRock, empresa de gestão de ativos (*asset management*), administra

10,5 trilhões de dólares, enquanto o orçamento federal dos Estados Unidos é da ordem de 6 trilhões. O mercado de derivativos atingiu 630 trilhões de dólares em 2022, enquanto o PIB mundial era de 110 trilhões, valor no qual, aliás, os lucros financeiros se incluem como se fossem "produtos".

Embora a apropriação do excedente através do pagamento de baixos salários seja hoje bastante clara na mente das pessoas, levando à legalização dos sindicatos e a lutas por reajustes periódicos, e os mecanismos de exploração financeira já estejam bem descritos em muitos trabalhos, inclusive nos que mencionamos, os mecanismos digitais de extração de valor continuam a ser uma realidade nebulosa para a quase totalidade da população. A maioria das pessoas não sabe quanto dinheiro é levado pelo banco a cada pagamento com cartão e fica abismada ao se encontrar atolada em dívidas — precisam de educação financeira, comentam os banqueiros. O conceito de "paraíso fiscal", onde hoje as grandes corporações colocam mais de 60% de seus lucros, costuma lembrar ilhas com coqueiros, não o estado de Delaware, Wall Street ou a City de Londres.

Um ponto-chave é que a escala de apropriação do excedente pelas minorias mudou radicalmente. Os dados da figura 1 são do Credit Suisse (hoje UBS), incluídos num relatório do Instituto de Pesquisas das Nações Unidas para o Desenvolvimento Social (Unrisd, 2022, p. 5). Na coluna à esquerda, vemos que 62,5 milhões de pessoas, ou 1,2% da população adulta do planeta, detêm 47,8% da riqueza acumulada, isto é, 221,7 trilhões de dólares. A coluna seguinte mostra que 627 milhões de adultos, 11,8% do total, possuem 38,1% da riqueza, 176,5 trilhões. O que podemos classificar de classe média baixa, na terceira coluna, com riqueza acumulada entre 10 mil e 100 mil dólares, tem 13% da riqueza, ou 60,4 trilhões. E 2,818 bilhões de adultos, 53,2% do total, possuem apenas 5 trilhões, ou 1,1% do total. Basicamente, podemos dizer que os excluídos ou inseridos de forma precária no sistema constituem cerca de dois terços da humanidade, os 53,2% da última coluna mais uma parte da terceira. Se tirássemos 2,2% da fortuna do grupo mais rico, eles mal notariam, e poderíamos dobrar a riqueza dos 53,2% mais pobres: para quem vive na pobreza, isso significaria uma enorme melhoria da qualidade de vida. No que diz respeito a bem-estar, o dinheiro na base é incomparavelmente mais produtivo. E a produtividade relativa do dinheiro, segundo o bolso para onde vai, é um conceito importante para a discussão.

De acordo com o estudo do UBS, a riqueza mundial é estimada em 463,6 trilhões de dólares, distribuídos

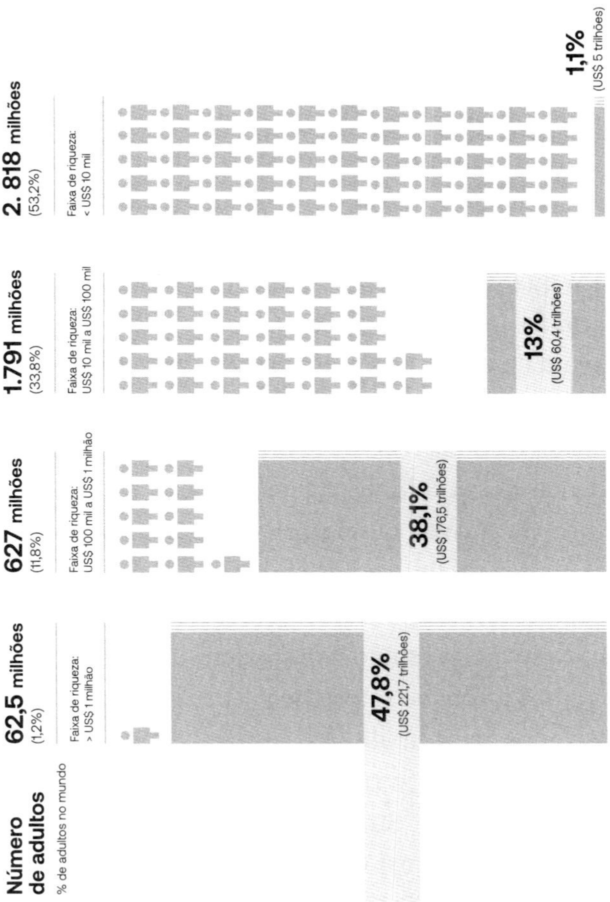

Figura 1 — Distribuição da riqueza global
Fonte: Unrisd (2022, p. 5).

entre 5,3 bilhões de adultos. O patrimônio mundial de riqueza pessoal acumulada equivale a cerca de 87 mil dólares por adulto. Numa família com dois adultos, isso representaria 174 mil dólares, ou 900 mil reais. Pela primeira vez na história, temos o suficiente para todos, e isso sem contar o valor das infraestruturas.

Mas o que nos interessa aqui é a profunda fratura estrutural da apropriação da riqueza da sociedade, com uma escala de exploração sem precedentes no próprio capitalismo. O que não está visível no gráfico é o profundo desnível dentro do 1,2% mais rico, pois o grosso das fortunas dessa coluna está nas mãos de 0,1% — em particular, de 0,01%. O relatório do Unrisd que apresenta os dados da figura 1 afirma que "as atuais desigualdades extremas, a destruição ambiental e a vulnerabilidade a crises não constituem um defeito do sistema, mas a sua característica" (Unrisd, 2022, p. 1). Hoje, os dados mais detalhados se encontram no World Inequality Database (WID) e nos relatórios da Oxfam, com destaque para o "Survival of the Richest" [Sobrevivência dos mais ricos] (2023) e "Desigualdade S.A." (2024), e são analisados em vários textos indignados, como *The Triumph of Injustice* [O triunfo da injustiça] (Saez & Zucman, 2019) e *Against Inequality* [Contra a desigualdade] (Malleson, 2023).

Além da desigualdade da riqueza familiar, que considera, por exemplo, o valor de nossa casa (e de outras propriedades) e nosso dinheiro no banco (deduzindo as dívidas), gerando o que se qualifica de patrimônio domiciliar líquido (*net household wealth*), também deve ser contabilizada a desigualdade de renda, cuja situação é catastrófica, com bilhões de pessoas atoladas em situação de pobreza. Sua relação com a riqueza acumulada é direta, pois, enquanto o dono de 1 bilhão aumenta sua riqueza ao ritmo de 137 mil por dia se aplicar seu dinheiro para render moderados 5% ao ano, a imensa maioria da população — os dois terços que mencionamos — mal consegue o suficiente para o mês, muito menos para "investir" e acumular riqueza. É o que o Banco Mundial e outras instituições chamam de *poverty trap*, a armadilha da pobreza.

A África enfrenta uma situação particularmente desastrosa, mas na América Latina dois terços dos adultos não acumulam riqueza significativa, ficando abaixo de dez mil dólares. Segundo o *Global Wealth Databook* [Livro de dados da riqueza mundial] do Credit Suisse (2022, p. 133), "a distribuição de riqueza, tanto na América Latina como na região Ásia-Pacífico, assemelha-se ao padrão do mundo como um todo: na América Latina, 65% apresentam patrimônio de menos de dez mil dólares, e na região Ásia-Pacífico, 63%". Estamos dizendo que dois terços da população vivem da mão para a boca.

Mas não faltam recursos. O mesmo relatório descreve o estilo de vida e a fonte de riqueza dos que têm mais de um milhão de dólares (*high net worth*, HNW, na sigla em inglês), bem como dos que acumulam mais de cinquenta milhões (*ultra high net worth*, UHNW, na sigla em inglês):

> Os indivíduos HNW e UNHW estão fortemente concentrados em regiões e países específicos, e tendem a compartilhar estilos de vida semelhantes, participando dos mesmos mercados globais de bens de luxo, mesmo quando residem em continentes diferentes. A composição da riqueza (*wealth portfolios*) desses indivíduos também tende a ser semelhante, com mais foco em ativos financeiros e, em especial, ações de empresas abertas (*public companies*) negociadas nos mercados internacionais [...]. Os indivíduos UNHW com patrimônio acima de cinquenta milhões de dólares são atualmente 264.180 em todo o mundo, segundo os nossos cálculos. Entre os países, os Estados Unidos lideram com 53% dos adultos UNHW. A China chega num distante segundo lugar, com 12% do total de membros UHNW. (Credit Suisse, 2022, p. 118)

Os muito ricos são poucos e estão concentrados nos Estados Unidos. Suas fortunas não são de produtores, mas de donos de aplicações financeiras (Credit Suisse, 2022, p. 133). É a nova aristocracia. Em 2016, aos 25 anos, Hugh Grosvenor, duque de Westminster, herdou 11,4 bilhões de dólares (Malleson, 2023, p. 86). Produtivo? "Capitalista"?

Outra escala da fratura estrutural da sociedade pode ser compreendida por meio da figura 2. Ao passarmos da análise por estratos da população para a desigualdade entre países, vemos que o capitalismo desenvolvido, que chamamos de "Norte global" ou "Ocidente", é constituído por apenas 14% da população mundial, mas controla 73% da renda. O resto do mundo, 86% da população, detém apenas 27%. Sem a China, esses números seriam ainda mais críticos. Portanto, a figura 2 apresenta o capitalismo desenvolvido como um *walled world* [mundo murado], um tipo de condomínio planetário com seis portarias cada vez mais bem guardadas. A fratura social e a fratura territorial se cruzam e se reforçam.[6]

Essa desigualdade estrutural se baseia em grande medida na financeirização das relações econômicas

6 Um mapa muito semelhante é apresentado pelo *Global Wealth Report* (UBS, 2023, p. 15).

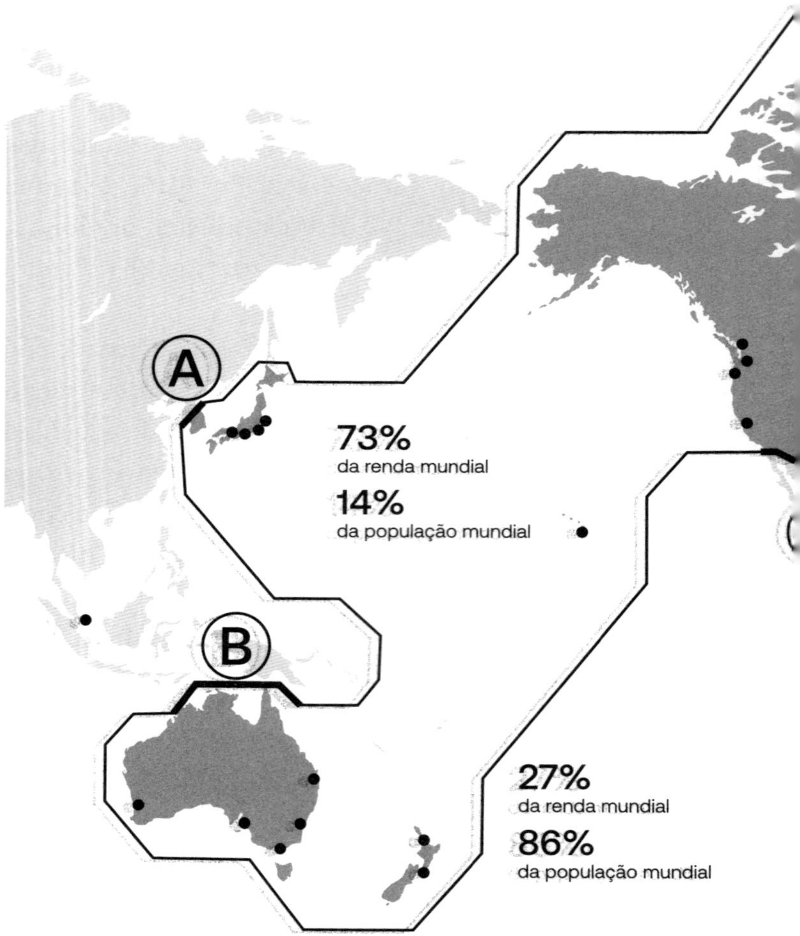

A: Zona Desmilitarizada da Coreia (DMZ, na sigla em inglês)
B: Força de Defesa Australiana
C: Barreira da fronteiras Estados Unidos-México
D: Cercas nas fronteira entre as cidades de Melilla e Ceuta (Espanha) e o Marrocos
E: Fronteira do Espaço Schengen (União Europeia)
F: Muro israelense na Cisjordânia

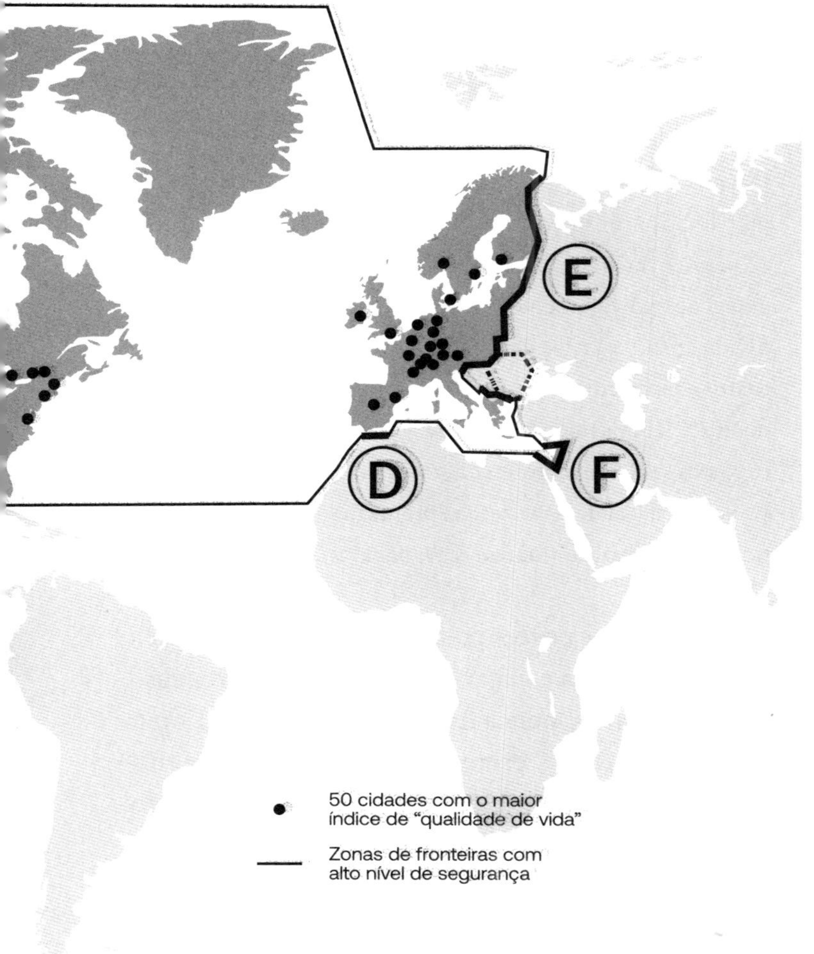

Figura 2 — Mundo murado
Fonte: Jacobs (2019).

Norte-Sul. Um estudo global do endividamento apresenta a seguinte dinâmica:

> Um novo Debt Service Watch [Monitor do serviço da dívida] preparado para este relatório mostra que, se medida pelo peso do serviço da dívida sobre os orçamentos, esta é a pior crise global de endividamento já registrada. Em 2024, o serviço da dívida absorve 41,5% das receitas do orçamento, 41,6% dos gastos e em média 8,4% do PIB de 144 países em desenvolvimento [...]. Mais importante, o serviço da dívida supera todos os gastos sociais e representa 2,7 vezes os gastos em educação, 4,2 vezes em saúde, 11 vezes em proteção social e 54 vezes em transição climática. (Martin & Waddok, 2024)

Os ricos dos países pobres podem adquirir "passaportes dourados" em Malta e viajar o mundo como "europeus". O capitalismo, aliás, nunca funcionou para todos. Como Ha-Joon Chang (2002) escreve tão bem, os de cima tiraram a escada. A fratura social em escala planetária, tanto entre países como dentro deles, contrasta com o fato de termos atingido, graças à revolução científico-tecnológica, um nível de prosperidade capaz de assegurar a todos uma vida digna, sem a guerra permanente que vivemos. Repetindo e insistindo: se dividirmos o PIB mundial, 110 trilhões de dólares, pela população de 8 bilhões, constatamos que os bens e serviços que produzimos equivalem a mais de 4,2 mil dólares por mês para cada família de quatro pessoas. Com uma redução muito moderada da desigualdade, poderemos garantir a todos uma vida digna e confortável. Tom Malleson resume:

> Em termos puramente materiais, nossas sociedades já são suficientemente ricas para assegurar condições de vida boas e florescentes para todos. Em forte contraste com o longo tempo histórico, quando a privação que as pessoas sofriam era o resultado inevitável da escassez, a privação de hoje é fundamentalmente diferente porque coexiste lado a lado com a abundância. A privação hoje não é nem natural nem inevitável; é fabricada, o resultado, em última análise, de uma escolha política. (Malleson, 2023, p. 5)

Não é uma questão de falta de recursos, mas de governança e processo decisório.

É essencial entender como se transformaram os mecanismos que geram e aprofundam a fratura. No gráfico da figura 3 aparece claramente o deslocamento verificado a partir dos anos 1980, fase que se qualifica de "neoliberal", mas que na minha visão dá início a uma transformação sistêmica mais profunda. O gráfico ajuda a entender a profundidade da mudança, ainda que se refira apenas

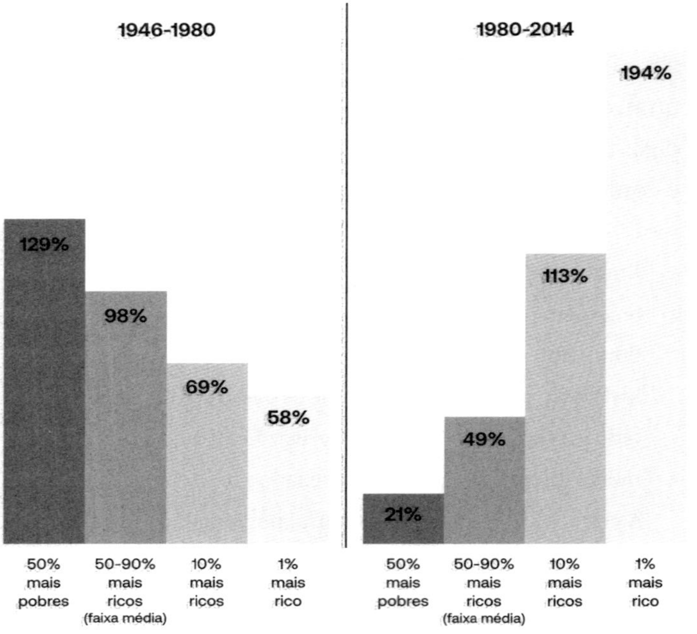

Figura 3 — Crescimento da renda ao longo do tempo nos Estados Unidos
Fonte: Progress for the People, 7 fev. 2022, disponível em: http://instagram.com/progressforthepeople.

aos Estados Unidos. O período de 1946 a 1980 corresponde ao capitalismo industrial do pós-guerra, durante o qual a renda dos 50% mais pobres cresceu 129%, enquanto a do 1% mais rico aumentou menos que metade disso. Foi uma fase de capitalismo produtivo e distribuição com crescimento. Na fase pós-1980, a tendência se inverteu, com a evolução para o capitalismo financeiro, quando a desigualdade explodiu — fruto do rentismo generalizado (Malleson, 2023, p. 54).

Joseph Stiglitz é outro economista que alimenta cada vez mais dúvidas quanto à legitimidade de se chamar tal sistema de "capitalismo":

> Eu uso o termo "capitalismo" apenas para significar que amplas partes da economia estão nas mãos de empresas orientadas pelo lucro; mas o que eu chamo de "capitalismo progressista" envolve não só um conjunto de instituições como também um papel importante para a ação coletiva. [...] Depois de quarenta anos do experimento neoliberal que começou sob Reagan e Thatcher, suas róseas promessas de crescimento mais rápido e níveis de vida mais elevados, que seriam amplamente compartilhados, não se confirmaram. O crescimento se tornou mais lento, as oportunidades diminuíram, e os frutos do crescimento foram esmagadoramente destinados a pessoas no topo. Os resultados foram talvez piores nos Estados Unidos, onde a grande depen-

dência dos mercados e a liberalização financeira chegaram ao extremo. (Stiglitz, 2024, p. 32)

A fratura social se torna explosiva, sobretudo porque cada vez mais pessoas estão conscientes do absurdo. Nas regiões mais pobres da África, onde trabalhei por sete anos, há um sentimento de revolta crescente contra a falta de acesso a uma escola decente para os filhos, ou a uma clínica para tratar as doenças da família. As massas do mundo pobre estão conscientes das aberrações a que são submetidas, e as tensões alcançam o limite. Para as pessoas mais instruídas, a indignação também surge quando se constata como as grandes fortunas são adquiridas e ampliadas. As narrativas sobre a "austeridade" se intensificam (Mattei, 2023), mas o "porrete" é o que mais se generaliza.

As novas formas de apropriação do excedente social: o rentismo

Uma coisa é a apropriação do excedente pelos grupos mais ricos, com uma desigualdade que nos fratura de modo econômico, político, social e ambiental, e provoca imenso sofrimento na base da sociedade. Outra coisa é constatar que se trata de rentismo improdutivo, de drenagem das riquezas sociais, e não mais da tão estudada "acumulação de capital produtivo", que os rentistas modernos tentam utilizar como empréstimo de legitimidade. Quando se rompe um mínimo de proporcionalidade entre a contribuição produtiva das pessoas e o quanto enriquecem, o sistema se desloca: como já dissemos, não é mais acumulação de capital, é rentismo improdutivo.

Em *Rentier Capitalism* [Capitalismo rentista], Brett Christophers (2020) focaliza particularmente as dinâmicas do Reino Unido, mas com uma visão global que agrupa as formas improdutivas de acumulação de riqueza (*the main varieties of rentierism*) em sete fontes principais:

- finanças: geração de renta sobre juros, dividendos e ganhos de capital;
- reservas de recursos naturais: apropriação das reservas e sua venda;
- propriedade intelectual: geração de rentismo sobre patentes, royalties e marcas;
- plataformas digitais: comissões, marketing;
- contratos de serviços: geração de taxas de serviços terceirizados;

- infraestrutura: privatização de empresas estatais, licenças governamentais;
- solo: aquisição de terras, privatização de terras públicas, geração de renta de solo (*ground rent*).

Segundo o autor, isso "resume como os rentistas do setor privado passam a controlar os ativos (*assets*), e os tipos de renta que tal controle lhes permite ganhar em cada caso" (Christophers, 2020). O livro detalha os mecanismos que permitem a apropriação de riqueza pelos rentistas. No conjunto, é essencial lembrar que essas diversas formas de rentismo são acessíveis apenas à minoria que com elas lucra. Como dissemos, a massa da população, os dois terços, mal tem o suficiente para o mês e, portanto, não tem como entrar no sistema que ganha dinheiro com dinheiro: monopólios, controle de recursos naturais e cobranças sobre os mais diversos tipos de transação, lucros de intermediação — a chamada economia de pedágio. Os rentistas ganham não tanto pelos serviços que prestam mas sobretudo pela obrigação de que todos passem por suas catracas. Muitos serviços são úteis, ou até necessários, mas geram lucros desproporcionais ao aporte, como no caso dos oligopólios da comunicação.

Isso sempre existiu, como vemos nos casos dos atravessadores comerciais que exploram os pequenos agricultores, dos usurários, tão bem apresentados no *Mercador de Veneza* de Shakespeare, e dos *robber barons* [barões ladrões] das finanças e do petróleo nos Estados Unidos do início do século XX. Mas o deslocamento da base científico-tecnológica do planeta mudou o peso e as relações de força dos diversos setores de atividade. No centro, evidentemente, está a revolução digital, que gerou avanços de produtividade nas áreas industrial e agrícola, mas que alterou radicalmente sobretudo os processos de intermediação: onde antes "serviam" às atividades produtivas, por exemplo, com crédito, hoje passam a delas se servir. Na guerra para ver quem extrai mais, chegam a fragilizar a economia produtiva. O conceito de *cannibal capitalism* [capitalismo canibal], de Nancy Fraser (2023), é adequado nesse sentido.

Os gigantes corporativos que controlam o planeta não possuem empresas concretas: são donos de papéis — hoje sinais magnéticos — que lhes dão direitos sobre elas. São o que se chama de *absentee owners*, proprietários ausentes. Sweezy e Magdoff analisam essa fratura: "A diferença entre ser proprietário de ativos reais e proprietário de um pacote de direitos legais pode à primeira vista parecer pouco importante, mas definitivamente não é. Na realidade, essa é a raiz da divisão da economia em setor produtivo e setor financeiro" (Sweezy &

Magdoff, 1987, p. 101).[7] Papéis, títulos, ações, registros de dívidas, opções de derivativos e até o dinheiro — ou, atualmente, seus sinais magnéticos — são imateriais, circulam pelo planeta à velocidade da internet. Administrados por algoritmos, geram um universo econômico paralelo, o que leva muitos autores a se referir separadamente à economia real e à economia financeira no sentido amplo.

A principal lógica do sistema é o fato de que ser dono de "papéis", ou seja, de direitos sobre produtos e sobre produtores reais, permite a geração de fortunas em escala radicalmente diferente daquela da produção de bens e serviços, o que por sua vez está na origem do agravamento radical da desigualdade e da indiferença frente à catástrofe ambiental. Manejando algoritmos sentados tranquilamente diante de seus computadores em Genebra, por exemplo, os grandes intermediários das commodities da alimentação mundial pouco se interessam pela contaminação do solo e das águas no Brasil.

A agricultura e a indústria continuam a existir, mas a lógica de seu desenvolvimento, paralisia ou deformação obedece aos interesses dos donos dos sinais mag-

7 Sobre a fratura entre as atividades produtivas e a financeirização, ver em particular Marjorie Kelly (2023).

néticos. O dono da fábrica de sapatos explorava os seus trabalhadores, mas também precisava comprar máquinas e matérias-primas, gerar empregos e produzir bons sapatos, o que oferecia conforto para os compradores e receitas públicas para o Estado financiar infraestruturas e políticas sociais. O rentista atual é dono de "direitos" que lhe permitem drenar os produtores, os assalariados e qualquer pessoa que tenha um cartão de crédito no bolso, ou que precise comprar um botijão de gás, ou encher o tanque do carro. Em 2022, com a privatização parcial da Petrobras, foram transferidos 217 bilhões de reais para acionistas nacionais e internacionais, dividendos sobre um produto que é do solo, produzido pela natureza ao longo de milhões de anos, e cujo valor poderia ter sido reinvestido na empresa ou utilizado pelo governo para financiar o desenvolvimento da economia real.

Outro fator essencial da fratura, além dos mecanismos financeiros de exploração, é que o sistema rentista não precisa (ou precisa apenas marginalmente) oferecer empregos para gerar renta, o que mantém grande parte da população em situação de pobreza e insegurança através da multiplicação de relações de trabalho precárias com a chamada "flexibilização". Não se trata apenas da substituição do trabalhador pela tecnologia, mas também do fato de os gigantes da intermediação financeira não precisarem de "produto": bastam os computadores e os algoritmos.

O terceiro fator importante é que produtores de bens e serviços de consumo necessitam do consumo de massa, ou seja, a capacidade de compra por parte da população. Isso é secundário para os diversos tipos de rentistas. O rentismo precisa apenas marginalmente da força de trabalho e da demanda popular. Gera-se um processo de marginalização, já sentido com força nos Estados Unidos, na Grã-Bretanha e em outros países do "Norte", mas em particular na imensa massa dos países ditos "em desenvolvimento". A fratura se reforça e se cristaliza. O setor informal representa quarenta milhões de pessoas no Brasil.

O conhecimento, conceito amplo que inclui as transformações científicas e tecnológicas, faz parte desse deslocamento sistêmico. É impressionante a rapidez com a qual se enraizou o conceito de plataforma, quando antes falávamos de empresas ou corporações. Na base disso está a convergência de um conjunto de atividades que André Gorz qualifica de "o imaterial". Gorz adota claramente a visão de que deslocamentos nos processos produtivos em geral levam a uma mudança da própria ciência econômica: "A ampla admissão do conhecimento como a principal força produtiva provocou uma mudança que compromete a validade das categorias econômicas chave e indica a necessidade de estabelecer uma outra economia" (Gorz, 2005, p. 9).[8]

Delinear uma economia que leve em conta a generalização da dimensão do conhecimento como elemento-chave dos processos produtivos aponta para duas transformações básicas. Em primeiro lugar, a criação de uma inovação tecnológica representa um custo, mas nesta era informática sua reprodução e disseminação pode em geral ser feita a custo zero. Ou seja, se na era fabril o produtor precisava produzir grandes quantidades para ganhar mais dinheiro, no caso da inovação, uma vez identificada determinada tecnologia, o ganho se dá através da máxima restrição ao acesso, para gerar um efeito de monopólio. Se a tecnologia se universaliza, reduz-se o lucro.

Ao patentear seu *one-click* [compra com um clique], a Amazon tentou impedir milhares de empresas de des-

8 Jayati Ghosh, vinte anos mais tarde, explicitou o deslocamento da ciência econômica: "A ciência econômica precisa de mais humildade, de um senso melhor da história, e de mais diversidade. A necessidade de uma mudança drástica na disciplina da economia nunca foi tão urgente. A humanidade enfrenta crises existenciais, e desafios na saúde do planeta e do meio ambiente se tornam grandes preocupações" (Ghosh, 2024).

burocratizar as vendas on-line. Com isso, tira-se das ideias sua força maior: a fertilização da criatividade dos mais variados atores sociais. A semente da Monsanto foi dotada de um gene "exterminador" para evitar que os agricultores pudessem reproduzi-la. À diferença de um produto material, um avanço imaterial é indefinidamente reproduzível. Ou seja, para a corporação, é preciso travar o acesso. "Sempre se trata de contornar temporariamente, quando possível, a lei do mercado. Sempre se trata de transformar a abundância 'ameaçadora' em uma nova forma de escassez" (Gorz, 2005, p. 11). A economia do conhecimento, resultante da revolução digital, obedece a uma lógica diferente. A Elsevier, por exemplo, ganha bilhões dificultando o acesso à ciência.

Em segundo lugar, as formas tradicionais de remuneração do trabalho estão ultrapassadas, notadamente a visão tradicional das oito horas de trabalho "alugadas" para a empresa. A criatividade não se dá "por horas". Há gente que pode ficar sentada por semanas em um ambiente de trabalho e não criar nenhuma nova ideia. Como se remunera a criatividade? Nesse nível, o trabalhador se converte numa espécie de empresário de si mesmo, negociando o seu produto. "A ideia do tempo como padrão do valor não funciona mais" (Pierre Veltz *apud* Gorz, 2005, p. 18). Se o tempo de trabalho não é mais o padrão de valor, como se determina o preço de venda do produto? Gorz passa naturalmente a analisar a função da marca, da publicidade e dos valores simbólicos como base da nova formação do valor, delineando assim a mudança sistêmica que enfrentamos. Ao ser criticada pelo valor exorbitante cobrado por um medicamento de produção barata, a empresa responde que devemos pensar não no custo do produto, mas no valor da vida que ele salva. A teoria do valor, base da ciência econômica, se desloca.

> Se não for uma metáfora, a expressão "economia do conhecimento" significa transtornos importantes para o sistema econômico. Ela indica que o conhecimento se tornou a principal força produtiva e que, consequentemente, os produtos da atividade social não são mais, principalmente, produtos do trabalho cristalizado, e sim do conhecimento cristalizado. Indica também que o valor de troca das mercadorias, sejam ou não materiais, não mais é determinado em última análise pela quantidade de trabalho social geral que elas contêm, mas, principalmente, pelo seu conteúdo de conhecimentos, informações, de inteligência gerais. É esta última, e não mais o trabalho social abstrato mensurável segundo um único padrão, que se torna a principal substância social comum a todas as mercadorias. É ela que se torna a principal fonte de valor e de lucro, e assim,

> segundo vários autores, a principal forma do trabalho e do capital. (Gorz, 2005, p. 29)

O que os mundos do dinheiro, do conhecimento e da comunicação hoje têm em comum é serem, precisamente, imateriais, ou "intangíveis", nomenclatura que encontramos em outros autores. Ou seja, circulam pelo mundo à velocidade da internet, sob a forma de sinais magnéticos, sem a antiga "territorialidade", os locais de produção, da fábrica ou fazenda, de residência dos trabalhadores e dos espaços de socialização. O fenômeno se manifesta de forma particularmente ampla nas áreas imbricadas da comunicação e da informação, como vemos nos gráficos das figuras 4 e 5.[9]

A figura 4 mostra o peso da plataforma Facebook (Meta), que atinge praticamente três bilhões de usuários (chegando a quase quatro bilhões em 2024). O YouTube, da Alphabet (Google), atinge 2,3 bilhões, e o WhatsApp (Meta) dois bilhões, ultrapassando populações como as da China e da Índia. O gigantismo está ligado à característica técnica básica de que os sinais magnéticos circulam de forma quase instantânea. As ondas eletromagnéticas são um aporte

9 Ver também Doctorow (2023).

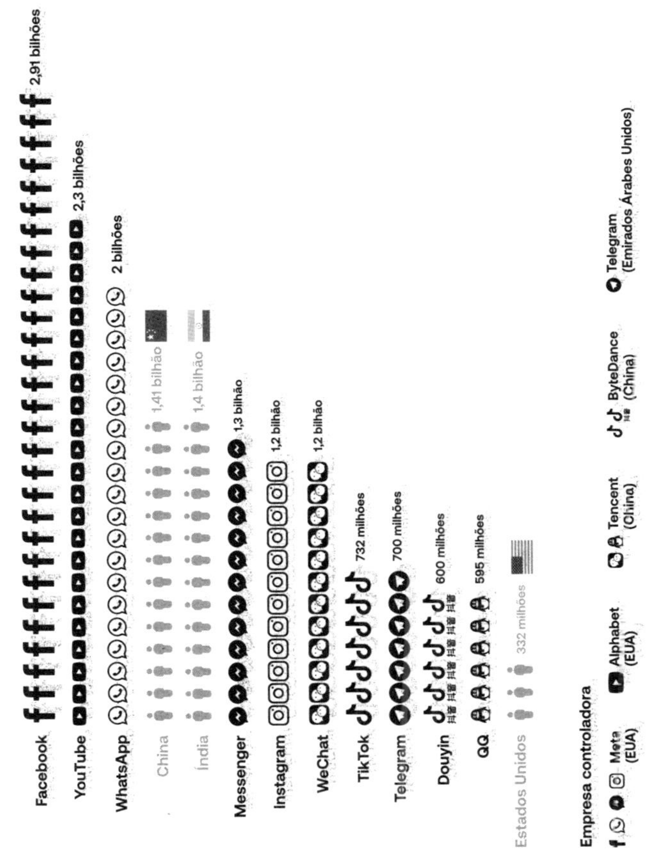

Figura 4 — Usuários ativos de plataformas on-line em comparação com a população de países
Fonte: Transnational Institute (2023).

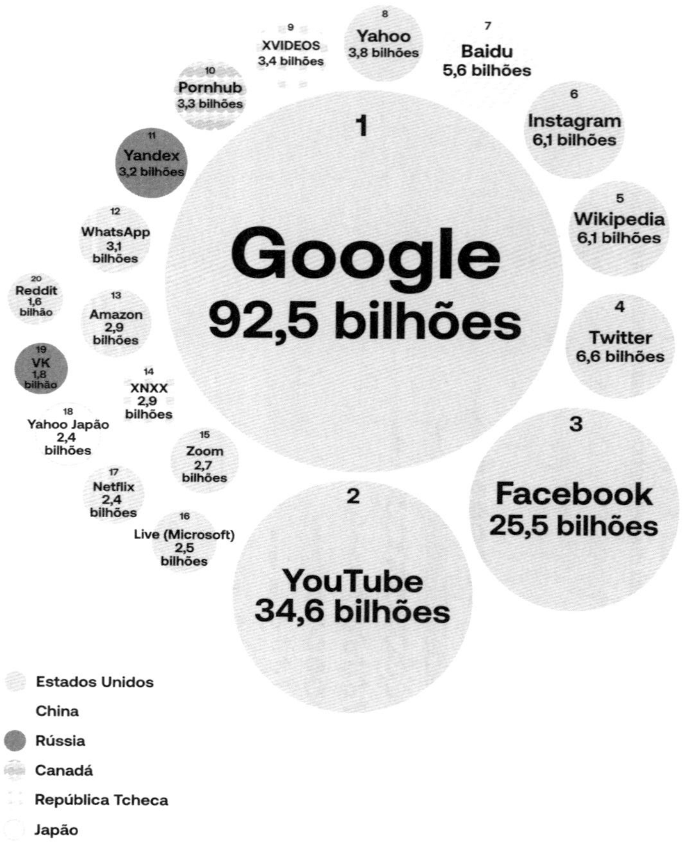

Figura 5 — Os vinte websites mais visitados (volume de tráfego mensal no mundo todo), acompanhados do país de origem de cada empresa
Fonte: Transnational Institute (2023), com dados de Visual Capitalist em 2021.

gratuito da natureza, mas a dominação do mais forte se tornou rapidamente global. É um dos chamados "monopólios de demanda": temos de usar o que os outros usam, caso contrário não nos comunicamos. Além disso, essas empresas compram qualquer concorrente que tente ganhar espaço. Seu alcance é planetário, e os acessos são extremamente concentrados.

O grau de oligopolização das atividades fica evidente na figura 5, e aqui também se trata do imaterial, de sinais magnéticos, de uma navegação de comunicação e informação em que o volume de dados, nesta era dos computadores modernos, deixa de ser um problema. A indústria da comunicação e da informação é dominante, gerando inclusive a tão estudada batalha pelo tempo de atenção das pessoas, com o crescente caos de informações reais, fake news, marketing comportamental e sistemas de vigilância baseados na invasão das comunicações pessoais. A dominância estadunidense é avassaladora.

Mais impressionante ainda é a gradual osmose dos subsistemas da economia imaterial dos sinais magnéticos, quer representem dinheiro, conhecimento, informação ou comunicações. Nesse eixo principal, para o qual se orientam a economia e a apropriação de valor, esses subsistemas têm em comum o fato de banharem todo o planeta, de atingirem qualquer pessoa e de serem controlados por

QUEM SÃO OS DONOS DAS BIG TECH?

GAFAM (Google, Amazon, Facebook, Apple e Microsoft)

% aproximada de ações das GAFAM

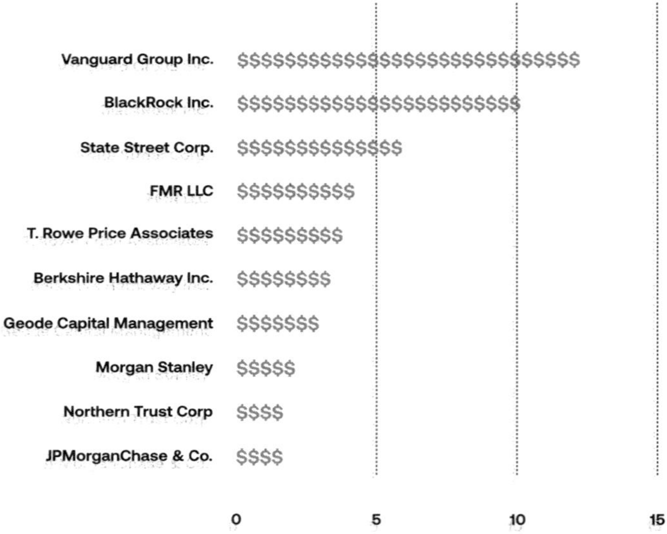

Figura 6 — Quem são os donos das Big Tech?
Fonte: Transnational Institute (2023).

um número restrito de megacorporações. É interessante, nesse sentido, que a Amazon trabalhe com acesso de informações a terceiros, além da intermediação comercial, enquanto Google, Facebook, Apple e Microsoft — e a própria Amazon — são em parte controlados pelos três maiores gigantes financeiros: BlackRock, Vanguard e State Street, como mostra a figura 6. Forma-se assim um universo de controle multissetorial, com impacto planetário.

Não é secundário que esses controladores também sejam predominantemente estadunidenses e conectados com a Agência de Segurança Nacional (NSA), a Agência Central de Inteligência (CIA) e outros sistemas de informação política e militar. A guerra contra a Huawei, o TikTok e outras corporações chinesas demonstra que os "mercados" se tornaram mais políticos, e a política, uma ferramenta das corporações. Henry Farrell e Abraham Newman apresentam um estudo aprofundado sobre a associação das grandes plataformas estadunidenses com os órgãos de segurança e espionagem e o complexo militar dos Estados Unidos. O que colocamos "na nuvem" entra, na realidade, nos processos de controle de pessoas, empresas e governos exercidos pelos Estados Unidos e o grupo dos "Five Eyes", que inclui os serviços secretos de Grã-Bretanha, Austrália, Nova Zelândia e Canadá (Farrell & Newman, 2023). A gravação das comunicações da então presidenta do Brasil e da então chanceler da Alemanha em 2013 foi apresentada com "surpresa" e "indignação" nesses países. Mas foi apenas um deslize, e o processo é generalizado.

A alegação estadunidense de que a empresa chinesa de tecnologia Huawei poderia espionar só pode ser recebida com um sorriso. A guerra para tentar criminalizar Julian Assange, fundador do WikiLeaks, que revelou o óbvio, mostra o clima geral de hipocrisia numa área crucial em todo o planeta. O controle da informação é central na sociedade do conhecimento. Entre as plataformas de comunicação, seus controladores financeiros e as forças políticas, é cada vez mais interessante pensar quem afinal controla quem, e que novo sistema essas articulações estão construindo. A decisão da Suprema Corte dos Estados Unidos, em 2010, de legalizar o financiamento corporativo das campanhas políticas tem efeitos estruturantes de peso. Gerald Epstein explora em particular a dimensão financeira:

> Os Estados Unidos se tornaram um dos países mais "financeirizados" do planeta, e essa dominação financeira reforça a dominação do papel internacional do dólar. E, importante, a causalidade também se inverte: ter o dólar como moeda internacional também reforça o papel, os lucros e o poder das finanças dos Estados Unidos no mundo [...]. O predomínio das

> finanças e do aventureirismo militar americano, que são ajudados pelo dólar, é doentio para o mundo. São desequilíbrios geopolíticos estruturais.[10]

Em outras palavras, ao rentismo que drena os recursos para os acionistas no topo da pirâmide financeira mundial temos de acrescentar o controle algorítmico das pessoas e a submissão do universo produtivo à lógica do *shareholder* (acionista), um universo extremamente concentrado, e cada vez menos do *stakeholder* (parte interessada). Trata-se de uma forma de apropriação do excedente e dos controles políticos correspondentes. O rentismo se transforma em modo de produção. Não substitui as empresas tradicionais, sejam industriais, agrícolas ou de serviços, ou ainda planos de saúde ou universidades, ou mesmo comportamentos individuais, mas os submete à sua lógica. Não constitui apenas um dreno de recursos e a formação de uma poderosa elite rentista global: altera profundamente nossa organização como sociedade.

10 Entrevista de Gerald Epstein a C. J. Polychroniou (2023). Epstein é um dos melhores analistas das fraturas financeiras atuais. Ver em particular *Busting the Bankers' Club* [Invadindo o clube dos banqueiros] (2024).

Igualmente importante é o impacto ambiental dessas empresas, cujos custos recaem sobre todos nós. As corporações tratam esses custos como "externalidades", ou seja, se desresponsabilizam. Podemos citar o exemplo dos plásticos, setor em que cinco empresas desempenham um papel central: Nestlé, Philip Morris, Altria, Coca-Cola e PepsiCo. "Apesar de muitas dessas empresas terem tomado medidas voluntárias para melhorar o seu impacto de poluição de plástico, os peritos deste estudo consideram que estas não funcionam. A produção de plástico dobrou desde o início de 2000 e os estudos mostram que apenas 9% do plástico é reciclado" (Quaglia, 2024). Enquanto os imensos custos de poluição e contaminação são repassados para nós, as empresas ficam com o lucro líquido. Quem entra num supermercado não tem opção. Isso se aplica a muitos setores. As corporações não reconhecem o desastre que estão promovendo. Sugerem que os consumidores sejam responsabilizados e arquem com as "externalidades". Os dividendos mandam.

Como as pessoas geralmente não se dão conta do grau de concentração de renda e riqueza que flui pelos drenos financeiros, trazemos na figura 7 um gráfico que mostra quem aproveita o sistema financeirizado, extraindo recursos por meio de ações e títulos diversos:

Shareholders

Quem detém as aplicações financeiras

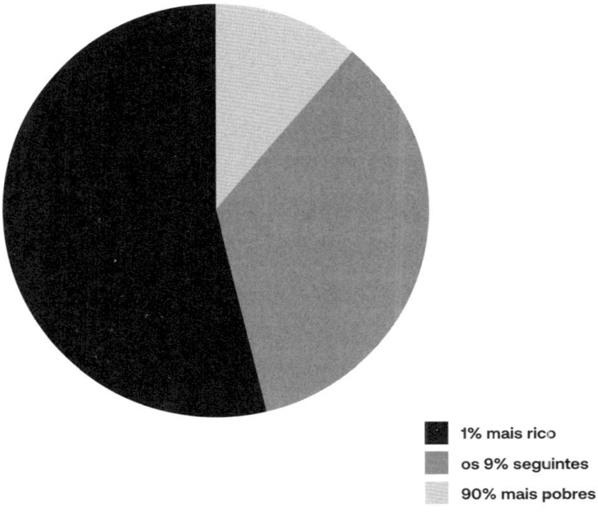

Figura 7 — Proprietários de ações e fundos mútuos nos Estados Unidos por percentual da renda (2023)
Fonte: Inequality.org (dados do Federal Reserve Distributional Financial Accounts).

quem são efetivamente os *shareholders*, os que recebem os dividendos. O exemplo é dos Estados Unidos, mas é representativo. O 1% mais rico detém o grosso das aplicações; os 9% seguintes, a classe média alta, mais de 30%; e o que está nas mãos dos 90% restantes, a imensa maioria, é pouquíssimo.

É um mecanismo de apropriação de riqueza muito mais concentrador do que a exploração salarial. O rentismo se sobrepõe à extração de mais-valia por meio do pagamento de baixos salários, aprofundando de maneira radical a desigualdade, mas também gerando as catástrofes ambientais que constatamos. Os algoritmos são programados para maximizar o retorno financeiro. Quem faz aplicações mais modestas tem pouca informação sobre os impactos sociais e ambientais de suas opções. Os 9% aqui mencionados constituem uma *buffer-class*, uma classe média alta que dá aparência de legitimidade ao sistema, para mostrar que não se trata apenas de grandes fortunas. Nesses 9% também estão os manejadores técnicos do novo sistema, igualmente bem remunerados. Quanto aos 90%, eventuais pequenos aplicadores acharão um escândalo a Petrobras (ou equivalentes estadunidenses) moderar os dividendos privados, com pouca compreensão do que está em jogo, o que gera uma base de apoio político de baixo custo.

Henry Ford produzia carros, que eram úteis, e dizia que bons salários eram necessários para que os consumidores pudessem comprar seus produtos. Explorava, mas gerava empregos, carros e impostos para o Estado, que era capaz de assegurar infraestruturas (como estradas) e políticas sociais. O presente sistema é estruturalmente diferente. Eles não precisam que você tenha mais dinheiro para comprar ações. Eles mesmos as compram. Você vai pagar, o custo está embutido nos preços. Mas eles se autodenominam "investidores".

A manipulação capilarizada: os eixos de mudança

Constatamos a extrema concentração no topo e a osmose dos diversos subsistemas que têm em comum o fato de manejarem apenas sinais magnéticos, massa virtual que banha o planeta. Mas também é preciso insistir no fato de que os algoritmos e a inteligência artificial permitem uma capilaridade que atinge todos os indivíduos no mundo inteiro. Para a capacidade moderna de computação, oito bilhões de pessoas não representam uma massa incalculável; elas se convertem em indivíduos isoláveis, fontes de informação e clientes, queiram ou não. O sistema Serasa permite que o gerente da sua conta bancária tenha informações detalhadas sobre sua situação financeira, e seu custo de crédito será ajustado segundo os interesses do banco. E isso foi legalizado (Oms, 2022).

A faxineira que me presta serviços uma vez por semana contratou um plano privado de saúde, NotreDame, que tem entre seus acionistas a BlackRock: uma parte da renda de uma pessoa modesta da periferia de São Paulo é transferida em frações de segundos, pelos algoritmos, para acionistas nos Estados Unidos e em outros países. Ao tomar um Uber na minha cidade, pago ao motorista, mas automaticamente boa parte do que pago vai para acionistas internacionais, preço exorbitante para pertencer a uma rede que permite estar conectado. Ao pagar uma compra com cartão na modalidade crédito, cerca de 5% do valor da minha compra vai para intermediários financeiros, como a Visa.

Se procuro algo na internet, não consigo acessar nada se não autorizar o tempo todo alguma rede a instalar *cookies*, entrando no sistema global de apropriação e comercialização de informações pessoais. Gerou-se assim um sistema de microdrenagem de recursos e informações pessoais de bilhões de pessoas de todas as partes do mundo, inclusive dos mais pobres. Somos uma unidade no sistema planetário de comunicação e informação. Presos na

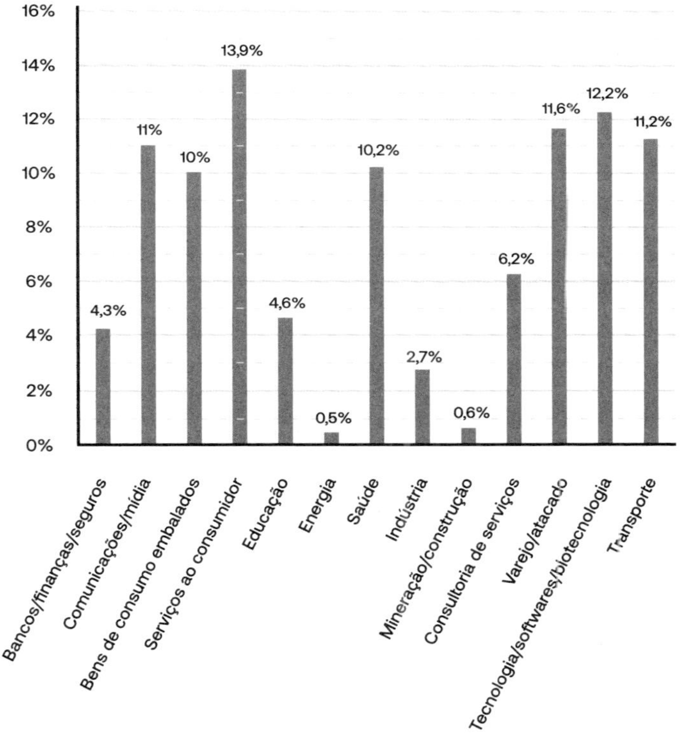

Figura 8 — Porcentagem da receita que cada ramo empresarial gasta com marketing (médias de 2018)
Fonte: Shepetyuk (2023).

viscosidade dessa teia de aranha, pagamos a cada passo, tanto em custos como em tempo de atenção, o que também gera o cansaço da chamada "sobrecarga sensorial". A atenção é o tempo da nossa vida.

Todos os custos da publicidade que me invade por todos os lados e todos os meios estão incluídos nos preços que pago pelos produtos. Na TV me dizem que o programa é gentilmente oferecido por determinada empresa, mas se esquecem de dizer que sou eu quem paga para que interrompam o programa, por meio de qualquer compra que faço. Em 2021, 97,5% dos rendimentos da Meta (dona de Facebook, WhatsApp e Instagram) vieram da publicidade. Como a mídia comercial é dependente das empresas que pagam a publicidade, o resultado é que o conjunto dos sistemas de informação, inclusive os noticiários, fica enviesado. Nós lhes pagamos para que nos convençam. O custo de todo anúncio que vemos está embutido nos preços que pagamos. Não se trata aqui de informação sobre os produtos, mas de influenciar comportamentos em geral. Com as horas que passamos diante de telas e telinhas, somos prisioneiros de um sistema que pesa nos nossos bolsos, e também na cabeça.[11]

11 Sobre a transformação do marketing de informação comercial em manipulação comportamental, ver Dowbor (2022b).

Uma dimensão muito importante é a lógica básica dos sistemas de informação que se financiam com publicidade: o retorno depende da maximização do engajamento e da atenção, o que leva a mídia em geral, e em particular a mídia social, a privilegiar as notícias mais atrativas, quase sempre centradas em conteúdos de violência, sexo, promoção de ódio e semelhantes. As dimensões do enriquecimento cultural e da informação política isenta se perdem num dilúvio de bobagens e superficialidades, conquanto mexam com as emoções. Max Fisher (2023) realizou uma pesquisa fundamental sobre o sistema no livro *A máquina do caos*. A maximização do lucro e dos dividendos não combina com a divulgação de ciência e cultura. Entretanto, a sociedade necessita vitalmente de informação adequada sobre os nossos grandes desafios para que as mudanças sejam possíveis.

A Amazon começou prestando serviços comerciais, mas entendeu que sua dominância do mercado lhe permitia se tornar um intermediário obrigatório como plataforma de serviços virtuais, com a Amazon Web Services (AWS) e o Fulfillment by Amazon (FBA):

> Tanto o AWS como o FBA são frutos da construção, pela Amazon, de infraestruturas cruciais para a entrega dos seus próprios serviços, e depois da disponibilização comercial dessas infraes-

> truturas — podemos dizer, alugando-as — a terceiros para a entrega dos seus serviços. Ambos são, nesse sentido, rentistas de infraestruturas [...]. A Amazon controla infraestruturas críticas para a economia da internet, de modo a dificultar que novos interessados (*entrants*) as repliquem ou tentem competir com a empresa. (Christophers, 2020, p. 278, 323)

Quando se atinge uma situação de monopólio, cobram-se preços muito acima dos que seriam praticados num mercado competitivo sob o capitalismo concorrencial. "No ano fiscal de 2021, as Big Tech tiveram um crescimento anual combinado de 27%" (Ang, 2022). Esses ganhos aparecem nos preços que pagamos. A tabela 1 mostra os avanços das cinco grandes (GAFAM).

Não se trata de "mercados" no sentido da concorrência para prestar melhores serviços com menores preços. Os números da tabela 1 somente são possíveis por causa do efeito de "monopólio de demanda". Quando eu trabalhava na ONU, eu utilizava o WordPerfect, mas tivemos de adotar o Microsoft Word, que se tornou dominante. E esses gigantes cobram o que querem de pessoas e empresas no mundo inteiro. Quando esses preços sobem, impactam a inflação — os lucros dos monopólios geram inflação (*profit-inflation*), uma transferência pela qual pagamos todos.

Companhia	**Lucros em 2020** (em bilhões de dólares)	**Lucros em 2021** (em bilhões de dólares)	**Crescimento anual**
Apple	274,5	365,8	33%
Amazon	386,1	469,8	22%
Alphabet	182,5	257,6	41%
Microsoft	143,1	168,1	17%
Meta	86,0	117,9	37%
Total combinado	1,1 trilhão	1,4 trilhão	27%

Tabela 1 — Lucros e crescimento anual das cinco maiores Big Tech (2020-2021)
Fonte: Ang (2022).

Isso é particularmente visível na apropriação privada de infraestruturas. Um produtor precisa escoar seu produto, mas não pode escolher a ferrovia em função das tarifas, nem a qual rede de energia se conectar. As redes de infraestruturas, transportes, energia, telecomunicações e água e saneamento possuem âmbito nacional e frequentemente internacional. Onde funcionam de maneira adequada, são planejadas e geridas por instituições públicas: quando não há concorrência, a propriedade privada e a "liberdade econômica" levam a abusos. É propriedade privada, mas não mercado. Perde-se o objetivo do interesse público, sem os benefícios da concorrência.

No capítulo sobre o rentismo das infraestruturas privatizadas no Reino Unido, Christophers (2020, p. 323) descreve esse "dinheiro de monopólio": "Entre 2010 e 2015, as margens de lucro operacionais do setor oscilaram entre 41% e 56%, com uma média ponderada de 51,5%". Sem dúvida, isso gerou lucros impressionantes para as corporações que passaram a controlar as infraestruturas, mas depois de décadas de desmandos o Reino Unido está reestatizando ferrovias e outros setores, tal como a França, a Alemanha e tantos outros países fizeram com a gestão da água. A privatização em setores não concorrenciais leva a um rentismo improdutivo. Todos pagamos por isso. E pagaremos, por exemplo, com as privatizações da Eletrobras e da Sabesp.[12]

A questão não envolve apenas os preços, mas também a perda sistêmica de produtividade. Na França, por exemplo, as ferrovias privatizadas desativaram ramais pouco produtivos em regiões menos povoadas, gerando isolamento e protestos. Faz todo o sentido que o Estado leve infraestrutura para regiões menos desenvolvidas, ainda que com perdas durante algum tempo, justamente para dinamizá-las e equilibrar o desenvolvimento territorial. Combinada ao objetivo de maximização de lucros para os acionistas, a facilidade de elevar preços em situação de monopólio leva a rentas elevadas e baixa produtividade sistêmica, em vez de ocasionar economias externas para os produtores em escala mais ampla. Em termos de impacto para a sociedade, são simplesmente incompetentes, incapazes de se articular de maneira inteligente em proveito do bem comum.

12 Joseph Stiglitz sublinha a importância dos bens públicos (*public goods*): "A mudança da natureza da nossa sociedade e da nossa economia exige mais intervenção e investimentos governamentais hoje do que no passado e, consequentemente, taxas mais elevadas de impostos e mais regulação" (Stiglitz, 2024, p. 91).

A área de recursos naturais é particularmente sensível. Raymond Baker traz dados sobre diversas partes do mundo, inclusive sobre a região amazônica:

> Estima-se que entre 50% e 90% da madeira extraída na Amazônia sejam cortados sem autorização. Na Indonésia, são cerca de 50%, e na Rússia, com as maiores florestas de coníferas do mundo, 25% [...]. A Global Witness, que há décadas investiga a extração ilegal de madeira, avalia que o financiamento de projetos de agricultura na Amazônia vem de companhias como Deutsche Bank, Santander, BlackRock e American Capital Group, entre outras. (Baker, 2023, p. 46)

Os grupos financeiros internacionais obtêm renta a partir da apropriação de florestas que não precisaram plantar, apenas financiam e cobram dividendos de quem extrai a madeira. Isso também vale, evidentemente, para minérios, petróleo, água e outros recursos naturais que levam não só à apropriação de recursos naturais — ou seja, não "produzidos" — mas também a um conjunto de deformações políticas, na medida em que as corporações globais passam a pressionar ou derrubar governos na batalha pelo acesso aos recursos.

A reprimarização do Brasil e o próprio golpe parlamentar de 2016, assim como as tragédias do Congo e da Indonésia, relacionam-se a esse conjunto de atividades que não são propriamente produtivas; consistem essencialmente na apropriação privada de bens naturais. As empresas extrativas, em geral terceirizadas, são em grande medida controladas por grupos financeiros mundiais e seus acionistas, que por sua vez se associam a grupos empresariais e políticos locais, assegurando que a legislação corresponda a seus interesses, como no caso da Lei Kandir, de 1996, que isenta de impostos as exportações brasileiras de produtos primários. Nesse setor, como em outros, acima dos executores locais das atividades extrativas encontramos os donos de ações que recebem dividendos em qualquer parte do mundo. Com a Vale e a Samarco privatizadas, os desastres de Brumadinho e Mariana, em Minas Gerais, demonstram a priorização dos lucros financeiros sobre a capitalização e o reinvestimento nas empresas. Hoje, é o rentismo que estrutura o setor produtivo, e sua matéria-prima são simples sinais magnéticos.

Há ainda o rentismo tradicional, como o dos proprietários de imóveis, que, no entanto, adquiriu novas dimensões. Christophers cita um comentário do líder conservador britânico Winston Churchill a esse respeito:

> Estradas são construídas, ruas são construídas, serviços são melhorados, a luz elétrica transforma a noite em dia, a água é trazida de reservatórios a cem milhas de distância nas montanhas — e o proprietário do imóvel (*landlord*) fica sentado o tempo todo. Cada uma dessas melhorias é realizada com trabalho e custo por outras pessoas e contribuintes. O proprietário monopolista, assim como o monopolista do solo, não contribui com nenhuma dessas melhorias, e, no entanto, cada uma delas aumenta o valor de sua propriedade. (Christophers, 2020, p. 351)

Hoje, as empresas financeiras adquirem terras e habitações nas mais diversas partes do mundo. Compram bairros inteiros, elevando os aluguéis. Não contribuem para que as pessoas tenham mais residências, nem dão mais acesso ao solo para os agricultores. Geram um mercado financeiro baseado nas valorizações futuras, uma grande rede que cria fortunas especulativas e provoca aumento generalizado dos custos para a população. O imóvel se transforma em "um puro ativo financeiro" (Christophers, 2020, p. 358). Quando não o usam, não permitem que seja usado. O Brasil tem doze milhões de imóveis vazios e milhões de pessoas desabrigadas. Dos 351 milhões de hectares de estabelecimentos agrícolas no país, apenas 63 milhões são cultivados, segundo o *Censo Agropecuário 2017* (IBGE, 2022).[13] Voltaremos ao tema mais adiante.

A privatização e o controle corporativo das políticas sociais constituem outra área que se transformou em sistema especulativo, agigantada nas últimas décadas. A saúde representa em torno de 20% do PIB dos Estados Unidos, fração muito superior à da indústria. Apresentei acima a forma como a BlackRock drena uma parte do que pago à minha faxineira através do plano de saúde NotreDame. Também me interesso pelo desvio do meu próprio salário de professor universitário. Minha universidade me inscreveu no plano de saúde SulAmérica, descontando uma parte do meu salário. A SulAmérica, por sua vez, foi comprada pela Rede D'Or, outro grupo financeiro, que juntou para seus proprietários uma fortuna de 27 bilhões de reais e tem entre seus acionistas o GIC, um importante fundo financeiro de Cingapura. Assim, parte do meu salário migra automaticamente para Cingapura, alimentando acionistas com lucros astronômicos. Esses lucros financeiros poderiam ser investidos em

13 Detalhei a subutilização de fatores de produção no Brasil em Dowbor (2022c).

saúde, e no Brasil. Pela desproporção entre o que alocam e quanto retiram, trata-se de um dreno.[14]

Um exemplo clássico nessa área vem, novamente, dos Estados Unidos, caso mundial de ineficiência: hoje, o país ostenta o maior custo anual em saúde por pessoa entre os membros da Organização para Cooperação e Desenvolvimento Econômico (OCDE), mais que o dobro do que é gasto no Canadá, que está entre os primeiros no que diz respeito ao nível de saúde da população; os Estados Unidos estão entre os últimos. A facilidade com a qual se atingiu esse nível de rentismo na saúde está ligada à insegurança das pessoas em relação a uma eventual situação crítica que exija grandes investimentos. O rentismo navega aqui na insegurança das famílias. Comparação igualmente ilustrativa pode ser feita entre a Dinamarca e a Suíça, esta última com o sistema de saúde em grande parte privatizado: gastando muito menos, a Dinamarca atinge resultados superiores (Dowbor, 2024).

14 Em um artigo que publiquei com Eduardo Magalhães Rodrigues, abordamos os seis gigantes financeiros que controlam a saúde privada no Brasil, um caso impressionante de sobrecustos sistêmicos (Dowbor & Rodrigues, 2024). Em sua publicação anual sobre os bilionários brasileiros, a *Forbes* lista as fortunas privadas do setor da saúde.

Particularmente importante é o caso da educação, em que a privatização avança com rapidez, incentivada pela transformação mundial da economia. O principal fator de produção na era tecnológica é o conhecimento, que por sua vez é a matéria-prima da educação, convertida em um ativo financeiro. A tabela 2 mostra o peso dos grupos privados, aqui chamados de "mercado de graduação", com extrema concentração e receita líquida de 58 bilhões de reais em 2022.

O endividamento generalizado da nova geração para conseguir diplomas provoca uma nova crise mundial: os jovens chegam à idade de trabalhar atolados na dívida estudantil, que os amarra durante décadas. E também se atolam no aluguel que explode ou na dívida imobiliária. Os "investidores" são frequentemente os mesmos (Blandy & Dowbor, 2023).[15]

15 Tom Malleson (2023, p. 129) é direto: "Uma das mais importantes facetas da igualdade de oportunidades é o acesso igualitário à educação de alta qualidade. O fato de o acesso à educação, particularmente no nível universitário, continuar a ser um privilégio de classe em numerosos países é profundamente odioso". Não assegurar aos jovens a possibilidade de adquirir melhores ferramentas de produtividade social constitui uma burrice econômica impressionante. Não são gastos, mas investimentos.

Estudo Hoper sobre estimativas de receita líquida e participação de mercado de graduação nos maiores grupos consolidadores privados do Brasil (2022)

Ranking de matrículas	Grupo consolidador	Matrículas privadas estimadas em 2022 (graduação presencial + EaD)	Participação no mercado (*market share*)	Estimativa de receita líquida* (em milhões)	Participação da receita líquida no setor
1	Kroton	896.495	13%	R$ 3.346,68	5,8%
2	Vitru Educação	717.200	10,4%	R$ 1.249,30	2,1%
3	YDUQS	707.300	10,2%	R$ 4.355,20	7,5%
4	Unip	484.988	7%	R$ 2.052,70	3,5%
5	Ânima	331.400	4,8%	R$ 3.387,70	5,8%
6	Cruzeiro do Sul Educacional	365.700	5,3%	R$ 1.967,45	3,4%
7	Ser Educacional	262.449	3,8%	R$ 1.605,14	2,8%
8	Uninove	167.397	2,4%	R$ 1.216,93	2,1%
9	Afya	58.200	0,8%	R$ 2.241,83	3,9%
Total dos 9 maiores consolidadores		**3.991.129**	**57,8%**	**R$ 21.422,94**	**36,1%**
Outras IES		**2.916.871**	**42,2%**	**R$ 36.712,26**	**63,1%**
Total do setor privado em 2022		**6.908.000**	**100,0%**	**R$ 58.135,20**	**100%**

* Valores referentes à graduação presencial e a distância. Quantidade de IES pertencentes a cada grupo educacional: Kroton: 112; Vitru Educação: 20; YDUQS: 103; Unip: 27; Ânima: 33; Cruzeiro do Sul Educacional: 12; Uninove: 10; Afya: 31.

Tabela 2 — Estimativas de receita líquida e participação de mercado de graduação
Fonte: Hoper Educação (2023).

Outro mecanismo relevante da evolução do capitalismo para o rentismo é o das patentes, copyrights e outras formas de controle do conhecimento por grupos financeiros que cobram direitos de acesso. Na concepção inicial da proteção dos direitos intelectuais, tratava-se de assegurar remuneração privilegiada para o inventor de novos processos ou para os escritores e artistas, a fim de estimular avanços científicos e culturais. Hoje, as patentes imobilizam uma tecnologia durante vinte anos, o que há um século podia ser razoável, mas no ritmo atual dos avanços técnicos representa um latifúndio, claramente exposto pelo desastre do acesso às vacinas durante a pandemia de covid-19. Os direitos autorais se expandiram, mas pertencem essencialmente às empresas editoras, não aos autores: teremos acesso aberto aos livros de Paulo Freire apenas em 2067. Com a centralidade do conhecimento no conjunto das transformações econômicas, sociais e culturais no planeta, a guerra para dificultar o acesso está no centro de mais um mecanismo rentista. O Open Access, o Creative Commons e outros mecanismos abertos de divulgação do conhecimento poderiam universalizar o acesso mundial de maneira radicalmente nova e levar a uma dinamização muito mais generalizada do desenvolvimento (Lessig, 2001). Esse é o assunto do próximo capítulo.

Quando nos referimos ao capitalismo sem considerar suas atuais transformações, ou vendo-as apenas como modificações do mesmo sistema, continuamos a acreditar que, bem ou mal, é o sistema menos ruim. De certa forma, aceitamos os absurdos do enriquecimento improdutivo, da destruição ambiental, do sequestro da nossa atenção e da apropriação indébita generalizada ao considerar que são problemas corrigíveis do sistema capitalista. A exploração generalizada, a desigualdade explosiva e a destruição das bases naturais da nossa sobrevivência se recobrem de uma legitimidade passada. Como vimos, não se trata de defeitos do sistema, mas de um sistema defeituoso. Abordaremos em seguida uma dimensão essencial dessas novas dinâmicas: o controle do conhecimento como principal fator de produção.

2 O conhecimento como principal fator de produção

Se a natureza fez alguma coisa menos suscetível do que qualquer outra a se constituir como propriedade exclusiva, foi a ação do poder do pensamento que chamamos de ideia.
— Carta de Thomas Jefferson a Isaac McPherson, 13 ago. 1813

O objetivo do copyright é encorajar a produção e o acesso público a obras culturais. Ele desempenhou seu papel de encorajar a produção. Agora opera como uma cerca para desencorajar o acesso.
— James Boyle, *The Public Domain* (2008)

A abertura é a ideologia central da ciência e da tecnologia. O que é sabido deve ser compartilhado; o que é descoberto deve ser publicado. Ciência e tecnologia vivem e respiram no debate livre e no compartilhamento aberto da informação, de tal modo que a abertura em si se tornou um incentivo poderoso (e impressionantemente benéfico).
— Mustafa Suleyman e Michael Bhaskar, *A próxima onda* (2023)

As ondas eletromagnéticas pelas quais circula a economia imaterial são naturais, gratuitas. As tecnologias a elas relacionadas foram essencialmente desenvolvidas pelos sistemas públicos, como o trabalho de Alan Turing durante a Segunda Guerra Mundial, a Agência de Projetos de Pesquisa Avançada em Defesa (Darpa) estadunidense, responsável pela criação da internet, e a Organização Europeia de Pesquisas Nucleares (Cern), que inventou a World Wide Web (WWW). A base universal de informações do planeta, por sua vez, matéria-prima das plataformas e da IA, é simplesmente apropriada sem pagamento. Nossas informações privadas também são apropriadas gratuitamente. Mas nós pagamos pelo monopólio do uso da informação diretamente nos preços e indiretamente na publicidade, além de sermos manipulados pelo oligopólio. Faz sentido, portanto, estudar novas regras do jogo que sejam capazes de assegurar um lugar ao sol aos diversos participantes do processo. Durante as décadas recentes, o acúmulo científico nessa área tem sido impressionante, assim como o caos regulatório. Desenhar uma visão de conjunto pode nos ajudar.[16]

16 Até o navegador (*browser*) foi uma invenção financiada com recursos públicos. Apesar disso, foi entregue ao setor privado, que tem realizado lucros enormes (Stiglitz, 2024, p. 72). Ver a lista de aportes públicos em Mazzucato (2011).

Atualmente, o eixo central de geração de valor da economia se desloca do conteúdo material, dos bens e serviços, para o conteúdo de conhecimento incorporado aos processos produtivos. Isso cria uma batalha ideológica e econômica em torno do direito ao acesso. Possibilitado pelas novas tecnologias, o potencial do acesso livre e praticamente gratuito ao conhecimento e à cultura é uma bênção, mas sua apropriação privada e centralizada constitui um desafio. A abertura pode constituir um vetor fundamental de redução dos desequilíbrios sociais e de generalização das tecnologias necessárias à proteção ambiental.

O conhecimento como fator de produção

Para as grandes corporações, as novas tecnologias implicam uma pirâmide mais alta, com o poder central estendendo dedos mais compridos até os lugares mais longínquos, graças ao poder da conectividade de transmitir ordens à distância. Envolvem também uma forte presença planetária de poder repressivo para controlar a propriedade intelectual, crescentemente apropriada pelas empresas transnacionais. Às "telecomunicações" corresponde uma "telegestão", gestão à distância, global, que alimenta o poder descontrolado dos grandes intermediários financeiros na era do dinheiro virtual em escala planetária. A corporação da informação e do conhecimento, que por definição trabalha com uma matéria-prima imaterial, navega confortavelmente nesse ambiente. Vistas por esse ângulo, as novas tecnologias aparecem como uma grande oportunidade de controle e apropriação.

De outra perspectiva, porém, as mesmas tecnologias que favorecem a globalização podem impulsionar os espaços locais, as dimensões participativas e a conectividade democrática. Para nós, usuários não corporativos, tais tecnologias possibilitam uma rede mais ampla e horizontal, e cada localidade — mesmo pequena — pode recuperar sua importância se cruzar a especificidade dos interesses locais com o potencial da colaboração. A apropriação local do potencial de conectividade representa uma dinâmica de democratização: as redes colaborativas locais. Para as corporações, a base tecnológica é a mesma, mas a materialização política é inversa. Os longos dedos das corporações não descentralizam nada, apenas significam que suas mãos têm mais alcance e que a manipulação se dá em maior escala. Para reforçar o controle, quando veem se expandir o Open Access e o Creative Commons, entre outras licenças públicas, denunciam "pirataria" ou fazem curiosos apelos para a "ética" e as forças repressivas do Estado — elas, que sempre denunciam o Estado como um entrave.

O conhecimento é um fator de produção? Como se desenvolve a teoria do "novo paradigma sociotécnico", como o denominou Castells? Esse autor introduz a interessante categoria dos *fatores informacionais de produção*, o que nos leva a uma questão básica: o conhecimento se regula de maneira adequada através dos mecanismos de mercado, a exemplo dos bens e serviços no quadro da economia industrial (Castells, 2009, p. 75)?[17]

O deslocamento do capital fixo para o conhecimento como principal eixo de formação do valor das mercadorias nos obriga a uma profunda revisão do próprio conceito de "modo de produção". André Gorz coloca

17 Castells considera que esse novo fator de produção exige intervenção pública: "A desregulação e a privatização podem constituir elementos da estratégia de desenvolvimento dos Estados, mas seu impacto sobre o crescimento econômico dependerá do real conteúdo dessas medidas e de suas conexões com estratégias de intervenção positiva, como políticas tecnológicas e educacionais para realçar o enriquecimento em fatores informacionais de produção do país" (Castells, 2009, p. 90). Castells é pioneiro na compreensão das mudanças sistêmicas geradas pelas novas tecnologias.

o dedo no ponto preciso ao considerar que "os meios de produção se tornaram apropriáveis e suscetíveis de ser partilhados. O computador aparece como o instrumento universal, universalmente acessível, por meio do qual todos os saberes e todas as atividades podem, em princípio, ser partilhados" (Gorz, 2005, p. 21).

A teoria da economia do conhecimento vem tomando corpo. Em *The Future of Ideas* [O futuro das ideias] (2001), Lawrence Lessig oferece uma análise sistemática e equilibrada dos maiores desafios que enfrentamos: a gestão da informação e do conhecimento e a distribuição equilibrada dos direitos. Focando de maneira precisa o desenvolvimento da conectividade planetária, o autor leva cada questão — a apropriação dos meios físicos de transmissão, o controle dos códigos de acesso, o gerenciamento dos conteúdos — a um nível que permite uma avaliação realista e a formulação de propostas práticas. Seu livro anterior, *Code: And Other Laws of Cyberspace* (1999) [Código: e outras leis do ciberespaço], já marcara época. *The Future of Ideas* é simplesmente brilhante no que diz respeito à riqueza de fontes, à simplicidade na exposição e ao ordenamento dos argumentos em torno das questões-chave.

Andamos todos um tanto fracos na compreensão das novas dinâmicas, oscilando entre visões tétricas do

Grande Irmão e uma idílica imagem da multiplicação das fontes e meios que levariam à democratização geral do conhecimento. A realidade, como em tantas questões, é que as simplificações não bastam. Devemos fazer a lição de casa e estudar o que está acontecendo.

Tomemos como ponto de partida o fato de que hoje, quando compramos um produto, 25% do que gastamos é para pagar o produto e 75% para custear a pesquisa, o design, as estratégias de marketing, a publicidade, os advogados, os contadores, as relações públicas — os chamados "intangíveis", que Gorz classifica na ampla categoria de "o imaterial". É uma cifra vaga, mas razoável, embora a precisão não seja o que nos interessa aqui. Interessa-nos o fato de que o valor agregado de um produto reside cada vez mais no conhecimento incorporado. Ou seja, o conhecimento e a informação organizada representam um fator de produção, um capital econômico de primeira linha. Não basta, portanto, referir-se de maneira tradicional a terra, capital e mão de obra como fatores de produção. Formas mais inteligentes de integração e articulação, permitidas pelas novas tecnologias, passaram a constituir o principal vetor de valorização dos processos produtivos. A que parâmetros teóricos pertence o valor "conhecimento" incorporado aos produtos?

A lógica econômica do conhecimento é diferente da que rege a produção física. O produto físico que uma pessoa vende deixa de lhe pertencer, ao contrário do conhecimento passado a outrem, que pode estimular visões geradoras de mais conhecimentos e inovações. Em economia, o conhecimento pertence à categoria dos bens "não rivais". De modo geral, portanto, a sociedade do conhecimento não se acomoda na apropriação privada, pois envolve um produto que, quando socializado, se multiplica. É por isso, aliás, que copyrights e patentes mencionam apenas a propriedade temporária. No entanto, o valor agregado ao produto pelo conhecimento incorporado só se transforma em preço — e consequentemente em lucro — quando esse conhecimento é impedido de se difundir. Quando um bem é abundante, somente a escassez gera valor de venda. A batalha do século XX, centrada na propriedade dos meios de produção, evoluiu para a batalha da propriedade intelectual do século XXI.

De certa maneira, forma-se uma grande tensão entre a sociedade realmente existente, cada vez mais centrada no conhecimento, e o sistema de leis baseado em produtos materiais característicos do século passado. O essencial, aqui, é que o conhecimento, uma vez desenvolvido, é indefinidamente reproduzível e, portanto, só se transforma em valor monetário quando alguém dele se apropria, impedindo que outros possam ter acesso sem pagar um pedágio, os "direitos". Para os que tentam controlar o acesso ao conhecimento, este só adquire valor de venda ao se criar, artificialmente, por meio de leis e repressão, e não por mecanismos econômicos, a escassez. Devido à simples natureza técnica do processo, o acesso é travado pela aplicação das leis da reprodução da era industrial à era do conhecimento. Curiosamente, impedir a livre circulação das ideias e das criações artísticas estimula as corporações a pedir mais intervenção do Estado. Os mesmos interesses que as levaram a globalizar o território para facilitar a circulação de bens fragmentam e dificultam a circulação do conhecimento. É sem dúvida liberdade econômica para a corporação, mas à custa da liberdade do usuário.

A mudança nas tecnologias da informação e da comunicação, que abre novas opções, está, no entanto, articulada com mudanças tecnológicas mais abrangentes. Tais mudanças têm elevado o conteúdo de conhecimento de todos os processos produtivos e reduzido o peso relativo dos insumos materiais que outrora constituíam o principal fator de produção. À medida que evoluímos para a nova geração de tecnologias de inteligência artificial, é o conjunto do referencial de análise que se desloca.[18]

A luta pelo controle: copyrights, patentes, acesso aberto

Não vivemos tempos normais, de *business as usual*. Este é o tempo do caos climático; da exclusão efetiva de quatro bilhões de pessoas dos "benefícios da globalização", como o Banco Mundial os chama com desfaçatez; da interminável fase do petróleo e da necessidade de mudança do paradigma energético-produtivo; da injustiça planetária que se agrava — 750 milhões de pessoas passam fome, um terço da população mundial cozinha com lenha, milhões de crianças morrem vitimadas pela fome e pela falta de acesso a água limpa, meio milhão de mães morrem no parto anualmente quando há técnicas baratas e elementares para salvá-las, milhões de mortes por aids e covid poderiam ser evitadas enquanto as corpo-

18 Uma sistematização particularment e completa dos novos desafios da IA pode ser encontrada em Suleyman e Bhaskar (2023). Suleyman foi criador da empresa de IA Deep Mind e executivo do Google.

rações discutem as vantagens das patentes. Enfim, isso só para mencionar alguns dos nossos dramas. As soluções não pertencem ao passado bucólico, mas ao futuro denso em conhecimento e tecnologias que temos pela frente. As tecnologias e o conhecimento em geral devem servir antes de tudo à construção de respostas a esses desafios, mas não podem ser administrados com as mesmas regras de propriedade e regulação dos bens e serviços tradicionais do século passado.

A questão do acesso ao conhecimento é, portanto, central, um dos vetores básicos da democratização da economia e do equilíbrio planetário. Restabelecer o balanço entre a remuneração dos intermediários, as condições de criatividade dos que inovam e a ampliação do acesso planetário aos resultados — objetivo estratégico de todo o processo — é a questão que precisamos enfrentar.

As novas tecnologias permitem que o conhecimento adquirido pela humanidade através de ciência, obras de arte, música, filmes e outras manifestações da economia criativa seja universalmente acessível, a custos praticamente nulos. Trata-se, evidentemente, de um imenso bem para o progresso educacional, científico e cultural de todos. Mas, para os intermediários do acesso aos bens criativos, que controlavam a base material da sua disponibilização, houve uma mudança profunda. Em vez de se adequarem às transformações, sentem-se ameaçados e buscam travar o uso das tecnologias de acesso, acusando quem as usa de pirataria e até de falta de ética. Criam-se assim duas dinâmicas: uma que busca aproveitar as tecnologias para generalizar o enriquecimento científico e cultural, e outra que procura impedir sua expansão através de leis, criminalização e recurso ao poder do Estado. A tecnologia torna os bens culturais cada vez mais acessíveis, enquanto a legislação, por pressão organizada dos intermediários, evolui simetricamente para cada vez mais dificultar o acesso e maximizar os ganhos.

O mundo corporativo tem avançado de maneira dura e bem organizada:

> Em setembro de 1995, a indústria de conteúdos, trabalhando com o Departamento de Comércio dos Estados Unidos, começou a mapear uma estratégia para proteger o modelo de negócios frente às tecnologias digitais. Em 1997 e 1998, essa estratégia foi implementada através de uma série de novas leis destinadas a estender o tempo de copyright da obra, reforçar as penalidades criminais por infringir copyright e punir o uso de tecnologias que tentavam burlar os entraves ao conteúdo digital. (Lessig, 2008, p. 39)

Já não podemos ligar o rádio ou a TV sem ouvir denúncias de pirataria e apelos à "ética". O resultado prático é conhecido: temos livre acesso digital a uma obra somente setenta anos depois da morte do autor. Isso significa que 90% das obras do século passado ficarão indisponíveis para pesquisa digital durante décadas, ao passo que a realização de lucros sobre o copyright se limita quase integralmente aos cinco ou dez primeiros anos depois da publicação. Trata-se de um imenso prejuízo social para assegurar lucros privados. A solução proposta por Lessig, por exemplo, não é liquidar os direitos de propriedade intelectual, mas limitá-los a cinco anos, prorrogáveis por mais cinco pelo dono dos direitos, caso o autor pense que valha a pena. Muitas obras ficam indisponíveis porque não se consegue identificar o dono dos direitos — isso quando há alguém disposto a pagar para reeditá-las.

O argumento apresentado é que é necessário proteger os direitos do pobre músico que luta para sobreviver. A imagem comove, mas uma olhada no tamanho das corporações que se arvoram como defensoras dos humildes tende a mudar o enfoque. Na avaliação de James Boyle, um dos juristas mais importantes da área nos Estados Unidos, trata-se de proteger uma renta de monopólio (*monopoly rent*). E a culpa recai sobre quem acessa e propaga cultura sem pagar. Na realidade, o autor pouco tem a ver com essa história. Os direitos autorais são amplamente assumidos pelos que detêm o copyright ou as patentes, e nesse caso quase sempre há intermediários. Ao aplicar à economia criativa as leis derivadas da propriedade de bens físicos, desequilibramos radicalmente o processo de criação.

Diversas pesquisas mostram que a esmagadora maioria dos estudantes recorre a formas de acesso aos bens científicos e culturais que podem ser consideradas ilegais. Devemos criminalizar a juventude (Lessig, 2008, p. 111)?[19] Para uma pessoa que descobre uma linda música na internet, enviá-la para um amigo é a reação mais imediata, porque a felicidade não se goza sozinho. Vamos criminalizar isso? Lessig constata o óbvio: leis que parecem idiotas não costumam ser respeitadas. E levar jovens a perder o respeito pela lei pode ser algo muito sério. Devemos enfrentar o hiato crescente entre o que as tecnologias permitem e o que a lei proíbe, provavelmente de maneira menos ideológica ou histérica. O uso educacional e científico sem fins lucrativos deve ser liberado.

19 Lessig considera que devemos "reformar leis que criminalizam a maior parte do que os nossos filhos fazem com os seus computadores" (Lessig, 2008, p. 19).

Segundo James Boyle,

> a maior parte das gravações de som feitas há mais de quarenta anos está comercialmente inacessível. Depois de cinquenta anos, apenas uma minúscula porcentagem ainda é comercializada. É extremamente difícil encontrar os donos dos direitos do restante. Podem ter morrido, fechado o negócio ou simplesmente perdido o interesse. Mesmo quando o compositor pode ser encontrado, ou remunerado por meio de uma sociedade de colecionadores (*collection society*), sem o consentimento do dono do copyright sobre a gravação musical, a obra precisa ficar na biblioteca. São as "obras órfãs", uma categoria que provavelmente constitui a maior parte dos produtos culturais do século XX. No entanto, como já mencionado, sem a autorização do dono do copyright é ilegal copiar, redistribuir ou executar essas obras, mesmo sem fins lucrativos. O objetivo do copyright é encorajar a produção e o acesso a obras culturais. Ele desempenhou o seu papel encorajando a produção. Agora opera como uma cerca para desencorajar o acesso. Conforme passam os anos, continuamos a trancar até 100% da nossa cultura registrada em determinado ano para beneficiar uma porcentagem cada vez menor — os ganhadores da loteria — numa política cultural grotescamente ineficiente. (Boyle, 2008, p. 224)

Em outro nível, é curioso constatar a fragilidade dos argumentos segundo os quais a livre disponibilização dos livros prejudica sua venda. Paulo Coelho, que passou a oferecer gratuitamente suas obras on-line, constatou não redução, mas aumento nas vendas.[20] Em ótimo artigo, Cédric Biagini e Guillaume Carnino lembram que

> o livro de papel, em sua linearidade e finitude, materialidade e presença, constitui um espaço silencioso que põe em xeque o culto da velocidade e a perda do senso crítico. Ele é um ponto de ancoragem, um objeto de registro para um pensamento coerente e articulado, fora da rede e dos fluxos incessantes de informações e solicitações: ele permanece sendo um dos últimos pontos de resistência. (Biagini & Carnino, 2009, p. 38)

20 "'Pensei que isto é fantástico. Dar ao leitor a possibilidade de ler o nosso livro e escolher se o quer comprar ou não', diz Paulo Coelho, que criou o blog www.piratecoelho.wordpress.com". Paulo Coelho é sem dúvida um "ganhador na loteria", mas entendeu o absurdo do processo. Ver "Paulo Coelho declara apoio a documento que pede a liberação do compartilhamento", *Boletim G-Popai*, 2 set. 2009; "Carta de São Paulo pelo acesso aos bens culturais", Rede pela Reforma das Leis de Direitos Autorais, 31 maio 2010.

Uma pessoa que gosta de um livro após a leitura de algumas páginas on-line provavelmente se sentirá estimulada a comprá-lo. Há espaço para todos, sem monopólio dos frutos.

No caso das músicas, os prejuízos são significativos, mas limitados: as corporações calculam quantos downloads gratuitos estão sendo feitos e multiplicam a cifra pelo preço que cobram pelos CDs (absolutamente exorbitantes frente ao custo de produção e promoção), imaginando que, se não houvesse downloads, toda essa gente compraria os discos. A cifra que resulta é imaginária, mas soa bem na propaganda que ouvimos todos os dias.

No caso das patentes, a questão é ainda mais lastimável, e cada vez mais se constata, conforme veremos abaixo, que o emaranhado de restrições legais chegou a tal nível que mais atrapalha do que estimula a pesquisa. Como já dissemos, um monopólio de vinte anos sobre uma ideia podia ser concebível meio século atrás, mas não no ritmo atual de inovação. Hoje se constituem latifúndios tecnológicos que travam a pesquisa, a generalização do acesso e o efeito multiplicador do conhecimento compartilhado.

A verdade é que o contexto da economia criativa mudou radicalmente, pois, ainda que haja custos na produção de uma obra, uma vez criada ela pode se tornar fator de enriquecimento de toda a humanidade, já que a disponibilização é praticamente gratuita. Quando a disponibilização exigia suporte material — o livro impresso, o disco, a fita —, era natural cobrar pelo custo incorporado. Sem a editora, sem a emissora de TV, as pessoas não teriam acesso à criação. A disponibilização e generalização do conhecimento se fazia graças a elas. Hoje, essas mesmas corporações tentam evitar a disponibilização on-line, pois, na era digital, podemos apreciar um livro, uma música, um filme sem precisar de suporte material. A disponibilização é gratuita, e quem fez uma boa música poderá se financiar com shows, o autor com palestras, o pesquisador com consultorias. Em vez de se adaptar às novas tecnologias e buscar outra forma de agregar valor, as mesmas corporações buscam deter o acesso e criminalizar o uso.

A IBM, para dar um exemplo de evolução, tentou, no final dos anos 1980, impedir a disseminação do "clone" (assim era designado o PC "pirata") através da tecnologia proprietária *microchannel*. Pensaram que o padrão IBM seria a opção de todos, em função de seu domínio do mercado. Mas viram que todos fugiram para os "clones" e para a livre criação tecnológica. A IBM assimilou a lição e passou a vender software. Depois que o software se transformou em um bem livre (a própria empresa hoje usa o Linux), passou a vender serviços de arquitetura de informação para empresas. Adaptou-se. Travar o avanço tecnológico através de monopólios não dá bons resultados.

Precisamos de menos apelos dramáticos à lei e à ética e de mais bom senso na redefinição das regras do jogo, de modo que protejam o autor de inovações, os diversos intermediários e sobretudo o interesse final de toda criação, que é o enriquecimento cultural e científico de toda a população. O fato de os bens culturais e educacionais se tornarem quase gratuitos graças às novas tecnologias não deve constituir um drama, e sim uma imensa oportunidade. Numa era em que se destinam imensos recursos para a educação em todo o mundo, tentar deter o acesso não só é ilegítimo e antiético; também constitui um contrassenso econômico.[21]

21 Um trabalho essencial para entender essa transformação do universo do conhecimento é o livro de Jeremy Rifkin, *The Zero Marginal Cost Society* [A sociedade com custo marginal zero] (2014).

Direitos de quem?

A questão central de como produzimos, utilizamos e divulgamos o conhecimento envolve, portanto, um dilema: por um lado, é justo que quem se esforçou para desenvolver conhecimento novo seja remunerado por seu esforço; por outro lado, apropriar-se de uma ideia como se fosse um produto material termina por matar o esforço de inovação. Lessig (2008) cita o exemplo dos diretores de cinema nos Estados Unidos que hoje filmam com advogados na equipe: filmar uma cena de rua onde aparece por acaso um outdoor pode levar imediatamente a empresa de publicidade a exigir compensações; filmar o quarto de um adolescente exige uma longa análise jurídica, pois cada flâmula, pôster ou quadro pode envolver uso indevido de imagem, gerando outras contestações. A propriedade intelectual não tem limites?

Depois que as revistas científicas foram compradas por grandes grupos econômicos, um professor de uma universidade estadunidense distribuiu aos seus alunos cópias do seu próprio artigo e foi considerado culpado de pirataria. Poderia quando muito exigir dos seus alunos que comprassem a revista onde está o seu artigo. Todos conhecem a já citada tentativa da Amazon de proibir outras empresas de utilizar o *one-click* para compras.

Um raciocínio de bom senso é que, se o *one-click* é bom, deve ter dado lucro à Amazon, que é a forma normal de uma empresa se ver retribuída por uma inovação, e não impedindo outras de utilizar um processo que já era de domínio público. Estamos na realidade travando a difusão do progresso, em vez de facilitá-la.

Lessig (2008) parte da visão — explícita na Constituição estadunidense — de que o esforço de desenvolvimento do conhecimento deve ser remunerado, mas o conhecimento em si não constitui uma "propriedade" no sentido comum. Por exemplo, numerosas patentes pertencem a empresas que por alguma razão não têm interesse em utilizar ou desenvolver o conhecimento correspondente, cuja área fica assim congelada. Em outros países, prevalece o princípio *use it or lose it* [use ou perca], segundo o qual uma pessoa ou empresa não pode paralisar uma área de conhecimento através de patentes ou copyrights. O conhecimento tem uma função social. Meu carro não deixa de ser meu se eu o esqueço na garagem. Mas as ideias são diferentes, não devem ser trancadas, e o seu desenvolvimento por outros não deve ser impedido. Isso porque o direito de propriedade intelectual não se baseia no direito natural de propriedade, mas no seu potencial de estimular a criatividade futura. Quando passa a detê-la, perde a legitimidade.

Esse argumento deve ser bem entendido, pois, apesar de os profissionais da área geralmente terem uma clara percepção do referencial jurídico diferenciado que os bens intelectuais representam, sua argumentação joga com a confusão das pessoas quanto ao conceito de propriedade intelectual. Um bem físico — a minha bicicleta, por exemplo — é uma propriedade que se justifica pelo fato de eu tê-la adquirido, não expira depois de vinte anos, não é condicionada. No caso dos bens intelectuais, a premissa básica é de que se trata de bens de domínio público, que devem circular para o enriquecimento da sociedade. A figura da apropriação privada (via copyrights ou patentes) assegura apenas direito temporário, e só se justifica porque se considera que conceder um título temporário de propriedade estimularia as pessoas a produzir inovações e, portanto, a enriquecer ainda mais a sociedade em termos culturais e científicos. Todo o conceito de propriedade intelectual repousa, portanto, não no conceito de propriedade em si — com o qual se tenta inculcar um sentimento de culpa em quem "furta" uma música ao ouvi-la na internet —, mas na utilidade do controle da geração de mais riqueza cultural para todos. Hoje, com copyrights assegurados até setenta anos depois da morte do autor (em alguns casos, até noventa anos) e patentes de vinte anos indefinidamente estendidas através de adendos, os direitos de propriedade intelectual têm ajudado a produzir e difundir cultura e inovações, ou, ao contrário, estão atravancando o processo? Essa é a questão central.

Segundo o jurista James Boyle,

> mais direitos de propriedade, mesmo quando se supõe que ofereçam maiores incentivos, não necessariamente levam a produção e inovação maiores e melhores — às vezes, ocorre justamente o contrário. Alguns direitos de propriedade intelectual restringem a inovação ao colocar múltiplos entraves no caminho de inovações subsequentes. Usando uma boa inversão da ideia da tragédia dos comuns, Heller e Eisenberg se referem a esses efeitos — os custos de transação causados por uma miríade de direitos de propriedade sobre os necessários componentes de alguma inovação subsequente — como *a tragédia dos anticomums*. (Boyle, 2008, p. 49)[22]

22 O conceito de *commons* é de difícil tradução. Trata-se de bens de propriedade comum, da comunidade, afins ao conceito de "domínio público". Uma excelente sistematização se encontra em Hess e Ostrom (2007).

É importante lembrar que o conceito de copyright nasceu para regular relações comerciais entre empresas. Se uma empresa imprime um livro, como fica a situação se outra empresa resolve também imprimi-lo?

> No mundo dos anos 1950, essas considerações faziam algum sentido — ainda que possamos discordar da definição de interesse público. Muitos assumiam que o copyright não precisava e provavelmente não devia regular atos privados não comerciais. A pessoa que empresta um livro a um amigo ou leva um capítulo para a aula é muito diferente de uma empresa que tem máquinas impressoras e decide reproduzir mil cópias para vendê-las. A máquina fotocopiadora e o videocassete tornaram a distinção mais confusa, e o computador em rede ameaça apagá-la completamente. [...] Numa sociedade em rede, copiar não é somente fácil: é uma parte necessária da transmissão, do armazenamento, do *caching* e, alguns diriam, até da leitura. (Boyle, 2008, p. 51)

Na base dessa visão está o fato de que o conhecimento não nasce isolado. Toda inovação se apoia em milhares de avanços realizados em outros períodos e em outros países, e com o crescente encalacrar jurídico se multiplicam as áreas e os casos em que realizar uma pesquisa envolve tantas complicações jurídicas que as pessoas simplesmente desistem, ou a deixam para megaempresas com suas amplas equipes de advogados. A inovação e o trabalho criativo não são apenas um output, mas também um input que parte de inúmeros esforços de pessoas e empresas diferentes. Requer um ambiente aberto de colaboração. A inovação é um processo socialmente construído, e devem existir limites à sua apropriação individual.

A empresa que desenvolve um dado processo tende a dizer: esse processo é meu, e durante os próximos vinte anos ninguém pode utilizar o que eu desenvolvi. Gar Alperovitz e Lew Daly (2008) fazem um excelente contraponto a essa visão. Como se desenvolvem os processos de inovação? Eles consistem em uma ampla construção social, da criação de um ambiente denso em conhecimento e pesquisa, que envolve todo o sistema educacional, imensos investimentos públicos e um conjunto de infraestruturas que permitem que esses avanços se generalizem, desde a geração de eletricidade até os modernos sistemas de comunicação, e assim por diante. Ou seja, o progresso produtivo que verificamos constitui uma gigantesca maré que levanta todos os barcos — mas a remuneração vai apenas para alguns proprietários, que colocam uma cerca e dizem ter direitos exclusivos, no que tem sido chamado de um novo *enclosure movement* [cercamento]. As minorias que se apropriam de uma exorbitante parcela da riqueza gerada pela sociedade se apresentam como "inovadoras", "capitãs da indústria", "empreendedoras" e outros qualificativos simpáticos, mas a realidade é que, embora o conhecimento acumulado e o nível científico geral da sociedade tenham crescido de maneira impressionante durante o último século, a porcentagem de ideias que tais elites acrescentam ao estoque geral é mínima. Enquanto isso, sua apropriação se tornou absolutamente gigantesca, porque colocam um pedágio no produto final que vai ao mercado. Recursos que deveriam financiar mais pesquisas terminam na realidade alimentando dividendos, assunto ao qual voltaremos mais adiante.

Nos Estados Unidos, a apropriação dos intangíveis se dá pela mão de um pequeno número de corporações, como em poucos países no mundo. Esse processo está diretamente ligado às formas modernas de concentração de renda. O 1% de famílias mais ricas dos Estados Unidos se apropria de mais renda que os 120 milhões na base da sociedade.[23] No mundo todo, 97% das patentes

23 Um seguimento sistemático da concentração de renda nos Estados Unidos pode ser encontrado em *Too Much*, disponível em: http://toomuchonline.org, e nos escritos de Sam Pizzigati.

pertencem a empresas de países ricos. Ou seja, há um imenso enriquecimento no topo da pirâmide, baseado não no que essas pessoas aportaram, mas no fato de se apropriarem de um acúmulo historicamente construído durante sucessivas gerações. Trata-se de enriquecimento sem os aportes produtivos correspondentes — na terminologia do livro de Alperovitz e Daly, *Apropriação indébita*, uma apropriação não merecida que deforma cada vez mais as dinâmicas econômicas e a funcionalidade do que temos chamado de mercados.[24]

Para dar um exemplo trazido por Alperovitz e Daly, quando a Monsanto adquire controle exclusivo sobre

24 Joseph Stiglitz deve o seu prêmio Nobel do Banco da Suécia ao estudo dos impactos da assimetria da informação. O livre acesso ao conhecimento é um assunto bem mais amplo do que as brigas das editoras e outras empresas que fornecem suporte físico a bens culturais. A impressionante acumulação de fortunas pelos especuladores financeiros também está diretamente ligada ao acesso desigual ao dinheiro, hoje uma simples informação no computador. Fazendo o balanço da crise financeira de 2007-2008, a *Economist* já constatava que 40% do lucro corporativo nos Estados Unidos é oriundo de renda financeira: "Na indústria estadunidense, a parcela dos lucros corporativos totais saltou de 10% no início dos anos 1980 para 40% no pico de 2007" ("Fixing Finance", *The Economist*, 24 jan. 2009, p. 20).

determinado avanço na área de sementes, como se a inovação tecnológica fosse um aporte apenas seu, esquece o processo que sustentou esses avanços.

> O que eles não precisam considerar — nunca — é o imenso investimento coletivo que levou a ciência da genética dos seus inícios isolados ao ponto em que a empresa toma a sua decisão. Todo o conhecimento biológico, estatístico e outros sem os quais nenhuma das sementes altamente produtivas e resistentes a doenças poderiam ser desenvolvidas, além de todas as publicações, pesquisas, estudos, treinamentos e instrumentos técnicos sem os quais o aprendizado e o conhecimento não poderiam ter sido comunicados e fomentados em cada estágio específico de desenvolvimento, e então repassado durante o tempo apropriado a uma força de trabalho treinada de técnicos e cientistas — tudo isso chega à empresa sem ônus, um presente do passado. (Alperovitz & Daly, 2008, p. 55)

Ao colocar um gargalo no produto final, cobra-se um pedágio sobre o conjunto dos conhecimentos anteriormente desenvolvidos. É importante ressaltar que não critico aqui nem as tecnologias nem a justa remuneração de quem contribui para o seu avanço. Nesta era da revolução digital, técnicos das mais variadas áreas estão desenvolvendo instrumentos impressionantes de progresso. Mas não são os técnicos, nem os cientistas, nem os artistas que determinam as leis que regem a comercialização, a apropriação e o uso dos aportes criativos: são gigantes de intermediação financeira, grupos de pressão, lobbies políticos, escritórios de advocacia, especialistas em marketing e outros negociadores que ditam as regras do jogo, sem muita preocupação com a utilidade social das obras ou com a motivação dos criadores. Esses intermediários não prestam um bom serviço ao tentar maximizar os interesses de apenas um grupo de atores. Na terceira parte deste livro veremos a dimensão financeira em detalhe.[25]

25 Nas mais variadas áreas econômicas, são cada vez menos os produtores — digamos, os "engenheiros" do processo econômico, os profissionais que desenvolvem processos tecnológicos e produtivos — que controlam o mundo corporativo, e cada vez mais as holdings interempresariais, os marqueteiros, as empresas de intermediação financeira e jurídica e semelhantes. Desenvolvemos o conceito do controle dos processos produtivos através dos "intangíveis" em *Democracia econômica* (2008) e *O capitalismo se desloca: novas arquiteturas sociais* (2020).

A liberdade de acesso e o controle da transmissão

O problema se agrava drasticamente quando não só as ideias mas também os veículos de sua transmissão passam a ser controlados. Quando uma empresa de Hollywood controla ao mesmo tempo a produção de conteúdo (o filme), os diversos canais de distribuição e até as salas de cinema, o resultado é um desequilíbrio radical da liberdade de circulação de ideias. Lessig (2008) constata que os filmes estrangeiros, que há poucos anos representavam 10% da bilheteria nos Estados Unidos, hoje não passam de 0,5%, gerando uma cultura perigosamente isolada do mundo. Com o controle progressivo dos três níveis — infraestrutura física, códigos e conteúdos —, a liberdade de circulação das ideias, inclusive na internet, tem se restringido rapidamente. Grandes empresas não param de vasculhar nossos computadores, através dos *spiders* ou *bots*, para averiguar se por acaso não mencionamos sem as devidas autorizações nomes ou ideias protegidas e para se apropriar de informações privadas.

Um texto de 1813 de Thomas Jefferson é, nesse sentido, muito eloquente:

> Se a natureza fez alguma coisa menos suscetível do que qualquer outra de constituir propriedade exclusiva, foi a ação do poder de pensamento que chamamos de ideia. [...] Que as ideias devam se expandir livremente de uma pessoa para outra, por todo o globo, para a instrução moral e mútua do homem, e o avanço de sua condição, parece ter sido algo particular e benevolamente desenhado pela natureza, quando ela as tornou, como o fogo, passíveis de expansão por todo o espaço, sem reduzir a sua densidade em nenhum ponto, como o ar no qual respiramos, nos movemos e existimos fisicamente, incapazes de confinamento, ou de apropriação exclusiva. As invenções não podem, por natureza, ser objeto de propriedade. (Jefferson *apud* Lessig, 2001, p. 94)[26]

Uma empresa que instala um cabo de fibra ótica, uma das infraestruturas mais importantes da era digital, é proprietária dele. Mas ela pode ditar quem pode ou não ter acesso a esse cabo para fazer sua transmissão? Uma empresa pode encontrar incentivo econômico para fazer acordos com outras empresas a fim de garantir exclusividade, um tipo de curral de comunicação. A Disney, por exemplo, batalhou duramente para ter esse tipo

26 Ver também Boyle (2008, p. 20).

de exclusividade. A crueza das batalhas empresariais abre pouco espaço para o fim último de todo o processo, tão bem expresso por Thomas Jefferson, que é a utilidade social da circulação de ideias. Um governo pode até privatizar a manutenção de uma estrada e autorizar a cobrança de um pedágio, mas assegura o seu caráter público: nenhuma administradora pode impedir o livre acesso à estrada. E na infovia, como funciona? Em muitas cidades estadunidenses, como Chicago, a prefeitura instalou cabos públicos para assegurar que os usuários possam receber e transmitir o que quiserem, reduzindo a pressão das empresas privadas para fazer acordos de acesso exclusivo com determinados tipos de clientes. No Canadá, o processo tem se generalizado, em reação aos controles instalados pelas empresas. Como as estradas, as infovias devem constituir os *commons*, espaços comuns que permitem que os espaços privados se comuniquem e interajam com liberdade.

Nesse sentido, a análise detalhada do uso do espectro das ondas de rádio e TV é muito significativa. Na prática, o governo estadunidense concede faixas do espectro a gigantes da comunicação, como fazemos no Brasil, praticamente eliminando a possibilidade de que cada comunidade tenha seus próprios meios de comunicação, hoje tecnicamente possíveis e baratos. O que sempre nos repetem é que o espectro é limitado e, portanto, deve ser atribuído a alguns — que naturalmente buscam monopolizar o acesso.

A emissão de curto alcance (*low power radio service*) é perfeitamente factível, e não deveria ser condenada como pirataria. Ademais, a ideia de limitar o espectro é apresentada como argumento pelas empresas, mas é verdadeira apenas porque utilizam tecnologias que o desperdiçam: como detêm o monopólio, não se interessam, por exemplo, pelo compartilhamento de faixas (*software-defined radios*) que permitem empregar as ondas da mesma forma que em outros meios, isto é, aproveitando os "silêncios" e subutilizações do espectro para assegurar diversas comunicações simultâneas, como hoje operam todas as linhas telefônicas.

Lessig critica duramente esse impressionante desperdício de uma riqueza tão importante — e natural, pois não foi criada por ninguém, tanto assim que é concedida por licença pública — como o espectro eletromagnético:

> Deveríamos considerar essas velhas formas de uso do espectro precisamente como poluição: torres grandes e estúpidas invadem o éter com emissões poderosas, tornando inviável o florescimento de usos em menor escala, menos barulhentos e mais eficientes [...]. A televisão comercial, por exemplo, é um desperdício extraordinário de espectro; na maior parte dos

> contextos, o ideal seria transferi-la do ar para os cabos. (Lessig, 2001, p. 243)

Lessig é um pragmático. No caso do espectro, por exemplo, propõe que uma faixa de livre acesso seja estabelecida em cada segmento de banda, de modo a equilibrar a apropriação privada. Nas diversas áreas analisadas, busca soluções que permitam a todos sobreviver. Mas sua preocupação é clara: "A tecnologia, com essas leis, nos promete agora um controle quase perfeito sobre o conteúdo e a sua distribuição. Esse controle ameaça o potencial de inovação prometido pela internet" (Lessig, 2001, p. 249).

O custo do acesso

Rifkin (2001) analisa o mesmo processo de outro ponto de vista, evidenciando o fato de que a economia do conhecimento transforma nossa relação com os processos econômicos em geral. O argumento básico é que passamos de uma era de produtores e compradores para uma era de fornecedores e usuários. A mudança é profunda. Na prática, o que compramos não é apenas um celular: pagamos todo mês pelo direito de usá-lo para nos comunicarmos. Também pagamos para ter acesso a programas de televisão um pouco mais decentes. Já não pagamos uma consulta médica: pagamos mensalmente um plano para ter direito de acesso a serviços de saúde.[27]

Os exemplos são inúmeros. Rifkin define essa tendência como característica da "era do acesso". Em *A reprodução social* (2003) já analisamos essa tendência, que caracterizamos com o conceito de "capitalismo de pedágio". Basta ver o montante de tarifas que pagamos para ter direito aos serviços de um banco, ou como os condomínios de praia fecham o acesso a um pedaço de mar — e na

27 A necessidade de pagar pedágio sobre tudo que fazemos pode ser opressiva. Muitos investem suas poupanças na casa própria, na segurança de um teto que não dependerá da capacidade oscilante de pagar o aluguel. Hoje, no entanto, tudo passa a depender de inúmeros "aluguéis", sem que vejamos no horizonte a perspectiva de uma vida mais tranquila. Uma pessoa que por alguma razão perde sua fonte de renda se vê rigorosamente excluída de um conjunto de serviços que exigem pagamentos regulares. A situação dos aposentados de baixa renda, particularmente dramática, precisa ser vista nessa perspectiva. Na realidade, todos nos sentimos cada vez mais acuados por pedágios a cada passo de nossa vida. Bons tempos em que nos queixávamos apenas dos impostos públicos. O conceito de acesso público gratuito tem voltado com força por causa do simples bom senso dos consumidores e da compreensão das dimensões discriminatórias da apropriação privada.

publicidade nos "oferecem" suas maravilhosas ondas como se as tivessem criado. O acesso gratuito ao mar não enche os bolsos de ninguém. Fechemos, pois, as praias.

Assim, o capitalismo gera escassez porque a escassez aumenta os preços. Nessa lógica do absurdo, quanto menos disponíveis são os bens, mais se encarecem e adquirem valor potencial para quem os controla. Nada como poluir os rios para nos obrigar a um "pesque-pague" ou nos induzir a comprar água "produzida".

Com isso, vão desaparecendo os espaços gratuitos, e ficamos cada vez mais presos à corrida para aumentar nossa renda mensal, sem a qual nos vemos privados de uma série de serviços essenciais, inclusive a participação na cultura que nos cerca. Viver deixa de ser um passeio, uma construção que nos pertence, para se transformar numa permanente corrida, de pedágio em pedágio. Se antes as pessoas tinham o prazer de tocar um instrumento, hoje pagam pelo direito de acessar a música. Se antes jogavam uma pelada na rua, hoje assistem a um espetáculo esportivo enquanto mastigam salgadinhos no sofá, tudo graças ao *pay-per-view* [pague para assistir]. O que estamos construindo é um permanente "*pay-per-live*" [pague para viver].

O deslocamento teórico é significativo. O proprietário dos meios de produção tinha a chave da fábrica, bem físico que constituía uma propriedade concreta: hoje é dono de um processo e cobra por sua utilização. Como os processos são cada vez mais densos em informação e conhecimento, cresce a importância da propriedade intelectual, das patentes e dos copyrights. O conhecimento constitui um bem que não deixa de pertencer a alguém quando compartilhado, e estamos na era da tecnologia da conectividade. Assim, sua facilidade de disseminação é imensa, mas a apropriação privada gera entraves. Constatamos, portanto, todo o peso da afirmação de Gorz (2005) citada acima: "Os meios de produção se tornaram apropriáveis e suscetíveis de ser partilhados". Em termos técnicos, o conhecimento é um bem cujo consumo não reduz o estoque. Não por acaso, a negociação do Agreement on Trade-Related Aspects of Intellectual Property Rights [Acordo sobre aspectos relacionados ao comércio de direitos de propriedade intelectual] (Trips) constitui o principal debate na Organização Mundial do Comércio e está no centro das lutas por uma sociedade livre. Se no século passado a batalha se dava em torno da propriedade dos bens de produção, hoje ela se deslocou para a economia dos pedágios.

O acesso desigual

"A inovação", escreve Stiglitz,

> está no coração do sucesso de uma economia moderna. A questão é como melhorar sua promoção. Cuidadosamente, o mundo desenvolvido arquitetou leis que dão aos inovadores um direito exclusivo a suas inovações e aos lucros que delas fluem.
>
> Mas, a que preço? Há um sentimento crescente de que algo está errado no sistema que governa a propriedade intelectual. O receio é que o foco nos lucros para as corporações ricas represente uma sentença de morte para os muito pobres no mundo em desenvolvimento. (Stiglitz, 2006, p. 20)

Stiglitz ressalta que isso ocorre sobretudo quando as patentes recaem sobre algo que era outrora de domínio público e foi "privatizado", processo que juristas especializados compreendem como um novo *enclosure movement* [cercamento]. "Patentes sobre o arroz basmati (que os indianos pensavam conhecer havia centenas de anos), ou sobre as propriedades curativas do açafrão-da-terra constituem bons exemplos" (Stiglitz, 2006, p. 20).

Segundo o autor,

> os países em desenvolvimento são mais pobres não só porque têm menos recursos, mas porque há um hiato de conhecimento. Por isso o acesso ao conhecimento é tão importante. Mas, ao reforçar o controle (*stranglehold*) sobre a propriedade intelectual, as regras de propriedade intelectual (no chamado Trips) do acordo do Uruguai reduziram o acesso ao conhecimento por parte dos países em desenvolvimento. O Trips impôs um sistema que não foi otimizado para um país industrial avançado, muito menos para um país pobre. Eu era membro do Conselho Econômico do presidente Clinton na época em que a negociação da Rodada Uruguai se completava. Nós e o Office of Science and Technology Policy [Escritório de política científica e tecnológica] nos opúnhamos ao Trips. Achávamos que era ruim para a ciência americana, ruim para o mundo da ciência, ruim para os países em desenvolvimento. (Stiglitz, 2006, p. 20)

A questão assumiu uma dimensão dramática com o colapso climático mundial, que torna necessário assegurar ao mundo inteiro acesso às mais avançadas tecnologias que permitam substituir as práticas intensivas de emissão de gases de efeito estufa. A recomendação do relatório *Promoting Development and Saving the Planet: World Economic and Social Survey 2009* [Promover o desenvolvimento e salvar o planeta: pesquisa econômica e social mundial 2009], da ONU, considera essencial a busca de "um regime equilibrado de propriedade intelectual para a transferência de tecnologias", de modo a reduzir a pressão dos desastres ambientais no Terceiro Mundo. Além de propor que as "flexibilidades" existentes no sistema sejam aproveitadas ao máximo, o *Survey* sugere que

> merecem séria consideração opções como permitir que os países em desenvolvimento excluam setores críticos do controle de patentes, bem como um *pool* global de tecnologia para enfrentar a mudança climática. Essas opções proporcionariam segurança e previsibilidade ao acesso tecnológico, e além disso estimulariam a pesquisa e o desenvolvimento, tão necessários para adaptação local e difusão, o que reduziria os custos das tecnologias. Ademais, diferentes modalidades de acesso tecnológico com financiamento público para empresas de países em desenvolvimento precisam ser exploradas. (ONU, 2009, p. 21)

Vemos explicitada aqui, num relatório de peso, a necessidade de superar o protecionismo das patentes. É curioso constatar que isso não significaria um entrave, mas um estímulo às atividades de pesquisa e desenvolvimento, além de uma redução de custos.

É uma importante tomada de posição nesta época em que é de bom tom respeitar a propriedade intelectual, sem que as pessoas se deem conta de que estamos essencialmente aceitando sua monopolização e controle por intermediários. Precisamos de regras mais flexíveis e inteligentes e, sobretudo, precisamos reduzir os absurdos prazos de décadas, que extrapolam radicalmente o tempo necessário para uma empresa recuperar seus investimentos em novas tecnologias. Quanto a patentear bens naturais de países pobres para, em seguida, cobrar royalties sobre produções tradicionais, trata-se simplesmente de extorsão. A pirataria, nesse caso, vem de cima.[28]

Assim, a economia do conhecimento desenha uma nova divisão internacional do trabalho, entre os países que se concentram nos intangíveis — finanças internacionais, pesquisa e desenvolvimento, design, advocacia, contabilidade, publicidade, sistemas de controle — e os que continuam com tarefas centradas na produção física. Se antes havia produção de matérias-primas num polo e de industrializados no outro, processo que continua, hoje também

28 Nos casos do cupuaçu, do açaí e da familiar rapadura, por exemplo, o Brasil teve de empreender batalhas jurídicas internacionais para recuperar os direitos apropriados por patentes na Alemanha, nos Estados Unidos e no Japão. Países mais fracos não têm sequer como enfrentar o problema. A biopirataria é um problema muito amplo, mas os piratas de olhos azuis não ocupam os mesmos espaços nas denúncias da mídia.

enfrentamos uma cisão fortemente centrada na divisão entre produção material e produção imaterial.

Uma leitura particularmente interessante desse tema é o livro de Ha-Joon Chang, *Chutando a escada* (2004), que mostra como os países hoje desenvolvidos se apropriaram dos conhecimentos gerados nas outras partes do mundo por meio de cópia, roubo e espionagem, sem se preocupar com a propriedade intelectual. Utilizaram a escada para subir e agora a chutaram para o lado, impedindo outros de seguir o mesmo caminho. O que seria do Japão e da Coreia do Sul se tivessem sido obrigados a pudicamente fechar os olhos para as inovações no resto do mundo, ou a pagar todos os royalties? O livro de Chang é extremamente bem documentado e mostra como, antes dos asiáticos, os Estados Unidos já seguiam as mesmas práticas em relação à Inglaterra, que por sua vez as adotou relativamente à Holanda. O livre acesso dos países pobres ao conhecimento, condição essencial de seu progresso e do equilíbrio planetário, é hoje sistematicamente travado, quando deveria ser favorecido e subvencionado para reduzir as tragédias sociais e ambientais que se avolumam.[29]

29 Em outro livro, *Globalization, Economic Development and the Role of the State* [Globalização, desenvolvimento econômico e o papel do Estado] (2003), Chang apresenta os

Com a pandemia de covid-19, no início dos anos 2020, a Organização Mundial da Saúde montou uma proposta de generalização do acesso às tecnologias vacinais, a fim de permitir sua rápida expansão por meio da produção local em países como a África do Sul, por exemplo. O conselho de administração da Pfizer considerou aderir ao pacto, mas foi proibido pela assembleia de acionistas, mais interessados nos dividendos do que na proteção à saúde das pessoas. Esse ponto é importante, pois mostra em que medida os processos decisórios são dominados pelo interesse financeiro por parte de proprietários ausentes (*absentee owners*), que decidem,

---

resultados das diversas pesquisas realizadas sobre os impactos do protecionismo assim gerado pelos países desenvolvidos, e conclui: "Demonstramos que não há base teórica nem empírica para apoiar o argumento de que uma forte proteção dos direitos privados de propriedade intelectual é necessária para o progresso tecnológico e, portanto, para o desenvolvimento econômico, particularmente dos países em desenvolvimento. Fica bem claro aqui 'quem aproveita': 97% das patentes do mundo pertencem aos países desenvolvidos" (Chang, 2003, p. 293). A ampliação da abrangência de patentes e copyrights constitui, na realidade, uma nova forma de protecionismo, adaptada à economia do conhecimento, como o são as tarifas aduaneiras sobre bens físicos, tão denunciadas pelos adeptos da globalização.

através de algoritmos, maximizar o retorno financeiro em vez de proteger a saúde. A fratura entre o interesse corporativo e o interesse social se torna evidente: é uma economia de *shareholders*, não de *stakeholders*. No caso, estamos falando de milhões de mortes.

A remuneração dos aportes

Como uma pedra jogada num lago gera ondas que se afastam, as novas tecnologias do conhecimento vão deslocando formas tradicionais de organização social e econômica em várias esferas. Não é só o "criador" e a sua remuneração que estão em jogo, ou o dono do copyright ou patente. A mudança no conteúdo gera novas relações de produção e desloca a questão da remuneração do trabalho. Nessa esfera de atividades, medir o trabalho por horas trabalhadas, mecanismo tão central em nossas sociedades, torna-se cada vez menos significativo. Assim, a justa remuneração do esforço fica ainda mais complexa.

A contribuição criativa através de ideias inovadoras não depende do tempo que passamos sentados no escritório. Gorz cita um relatório do diretor de recursos humanos da DaimlerChrysler: a contribuição dos "colaboradores", como os chama gentilmente o diretor, "não será calculada pelo número de horas de presença, mas sobre a base dos objetivos atingidos e da qualidade dos resultados. Eles são empreendedores" (Gorz, 2005, p. 17). Segundo Gorz, os trabalhadores são assim promovidos a empreendedores e, por que não, até a empresários:

> No lugar daquele que depende do salário deve estar o empresário da força de trabalho, que providencia sua própria formação, aperfeiçoamento, plano de saúde etc. "A pessoa é uma empresa." No lugar da exploração entram a autoexploração e a autocomercialização do "Eu S/A", que rendem lucros às grandes empresas, os clientes do autoempresário. (Gorz, 2005, p. 10)

Quem trabalha nessas áreas frequentemente leva o computador para casa e continua trabalhando à noite e aos fins semana. Alguém paga por isso?

O problema central é que, na era do conhecimento, a fragmentação das tarefas e o isolamento artificial dos processos produtivos são contraproducentes. Tapscott e Williams, que estudam o problema na área empresarial, ilustram a inutilidade do trabalho de cada pesquisador com seu pequeno estoque de conhecimento: "Há uma década, a astronomia ainda era sinônimo de grupos que mantinham dados exclusivos e publicavam resultados individuais. Agora, ela está organizada em torno de grandes conjuntos de dados que são compartilhados, codificados e disponibilizados para toda a comunidade" (Tapscott & Williams, 2007, p. 198). Como são remuneradas as inovações desse tipo de colaboração?

O avanço tecnológico não funciona em ilhas isoladas. Numa área avançada como a robótica, os pesquisadores se deram conta do quanto investiam, separadamente, para desenvolver os mesmos sistemas, em vez de compartilhar o conhecimento já adquirido para avançar no novo.

> O sistema operacional de robôs (*Robot Operating System* — ROS) é um conjunto de programas escritos em fonte aberta, cujo objetivo é servir de plataforma comum para uma ampla gama de pesquisas de robótica. É utilizado por equipes da Universidade Stanford na Califórnia, do MIT e da Universidade Técnica de Munique, na Alemanha, entre outras. (Campbell, 2009)

Se todos esperassem ser remunerados pelo fragmento de inovação que geraram de forma colaborativa, ainda por cima com software livre, onde estaríamos?

O WWW se firmou como um elemento essencial da nossa vida através do livre acesso. Muitos pensam que foi inventado pelos estadunidenses, e raramente encontramos referências ao autor dessa autêntica revolução na conectividade planetária, o britânico Tim Berners-Lee, que desenvolveu o sistema no Centro Europeu de Pesquisas Nucleares (Cern), na fronteira franco-suíça. Desconhecemos igualmente que o sistema é regido por uma organização não governamental, um consórcio sem fins lucrativos. Todo o mundo empresarial, aliás, também se tornou mais produtivo graças a esse processo colaborativo. E se tivéssemos de pagar a cada vez que nos conectamos, informando o número do cartão de crédito? O W3C, nome do consórcio que coordena a conectividade planetária, inclusive pede doações sem a mínima vergonha, como qualquer ONG protetora do clima. Já se calculou que Berners-Lee poderia ter ficado mais rico que outros magnatas, mas ele preferiu ser mais útil. Como é remunerado? Consultorias, pesquisas, livros, palestras — não faltam meios de remuneração que não travam a razão de ser do produto.

A forma de elaboração, disponibilização e apropriação do conhecimento on-line gera um terremoto organizacional ao menos tão profundo quanto o surgimento das fábricas na era da Revolução Industrial. Para produzir bens materiais em massa tivemos potentes máquinas agrupadas em unidades fabris, jornada de oito horas, trabalho assalariado, infraestruturas para transportar toneladas. Na economia do conhecimento, o que teremos?

O livro de Eric S. Raymond, *The Cathedral and the Bazaar* [A catedral e o bazar] (2001), é um pequeno clássico na sua área e apresenta as formas concretas de organizar a contribuição espontânea e colaborativa em rede na construção de inovações nas tecnologias da informação. É natural que os grandes grupos privados, cuja fortuna depende da limitação do acesso ao conhecimento — pois somente o seu controle estrito impede que seja de livre utilização e, portanto, sem valor comercial —, busquem a demonização de todo esse campo de atividade. Assim, os hackers, comunidade colaborativa de inovações tecnológicas, são jogados no mesmo saco que os crackers, os que implantam vírus e buscam violar contas bancárias, e assim por diante.

Aqui, tento explicitar a lógica colaborativa implícita no avanço tecnológico, partindo da visão de que inúmeras ideias espontaneamente trazidas para uma construção inovadora podem constituir um processo de produção diferenciado. Na base está o conceito de externalidades positivas das redes, que permite romper a separação entre o produtor e o cliente, já que o cliente se torna um colaborador do processo (Raymond, 2001, p. 144). Onde está a ameaça? "Um fato central que a distinção entre valor de uso e valor de venda nos permite notar é que somente o valor de venda é ameaçado pelo deslocamento de fontes fechadas para fontes abertas (*open source*); não o valor de uso" (Raymond, 2001, p. 129). Pelo contrário, o valor de uso se reforça, tanto por meio da generalização do acesso como pelo fato de usuários diferenciados trazerem para a produção a visão de quem efetivamente enfrenta os inúmeros e variados problemas que surgem no processo.

Raymond reforça bem este ponto: os processos ligados ao conhecimento são interativos. Na compra de um software, são os processos de apoio, manutenção, serviços e atualização que constituem o essencial.

> Se (como é geralmente aceito) mais de 75% dos custos do ciclo de vida de um projeto típico de software correspondem a manutenção, *debugging* e extensões, então a política geral de cobrar um preço de compra elevado e taxas de suporte relativamente baixas ou zeradas deverá levar a resultados que prejudicam todas as partes. (Raymond, 2001, p. 120)

Voltamos aqui ao deslocamento do ponto da cadeia produtiva onde se dá a remuneração: tentar cobrar em todos os pontos simplesmente trava o processo.[30]

30 Uma inovação muito interessante é o Software Público Brasileiro, projeto do Ministério do Planejamento, que desenvolve um conjunto de softwares — por exemplo, de gestão

Raymond, que estuda em detalhe os limites dos softwares de prateleira, expõe com clareza o dilema de uma economia do conhecimento à qual se tentam aplicar regras da manufatura.

> No mundo do código livre, busca-se a maior base possível de usuários, para obter o máximo de retorno e um mercado secundário o mais vigoroso possível; no do código proprietário, busca-se o máximo de compradores, mas o mínimo de usuários. Portanto, a lógica da fábrica recompensa melhor os vendedores que produzem bens de prateleira — software que é suficientemente bem divulgado (*marketed*) para assegurar as vendas, mas que na realidade é inútil na prática. O outro lado da moeda é que a maioria dos vendedores que seguem esse modelo da fábrica não terão resultados no longo prazo. Financiar indefinidamente despesas de suporte a partir de um preço fixo só é viável num mercado que se expande num ritmo suficiente

---

escolar — no qual os gestores podem introduzir melhorias ou adaptações, em comum acordo com assessores on-line, que ajudam nos serviços de apoio, e desenvolvedores de software cadastrados, tudo num ambiente colaborativo. A remuneração se dá de forma flexível segundo os aportes, que se tornam integral e imediatamente disponíveis para todos. Ver "Software público", disponível em: https://www.gov.br/governodigital/pt-br/plataformas-e-servicos-digitais/software-publico.

> para cobrir o suporte e os custos do ciclo de vida implicado nas vendas de ontem com as vendas de amanhã. Quando o mercado amadurece e as vendas se reduzem, a maior parte dos vendedores não terá outra escolha senão cortar despesas, tornando seus produtos órfãos. (Raymond, 2001, p. 120-1)

Em outros termos, diz Raymond, "o software é sobretudo uma indústria de serviços que opera com a persistente mas infundada ilusão de ser uma indústria manufatureira" (Raymond, 2001, p. 120). Não há muito interesse em comprar um software com uma embalagem bonita, que nos dá a impressão de estarmos comprando uma "coisa" tangível, quando na realidade adquirimos um produto que se desatualizará depois de alguns meses. É o sistema de acesso que é central.

Estamos aqui no centro da discussão sobre as novas lógicas econômicas e organizacionais implicadas na transição para a economia do conhecimento. Outra moeda ou forma de remuneração aparece com frequência cada vez maior: o reconhecimento pelos pares e a reputação de competência adquirida, que permitem que as pessoas equilibrem as suas economias de outra forma. O próprio gosto da inovação e da descoberta de novos mecanismos, ou de escrever uma música bonita, tende a ser um elemento motivador fundamental. Não se imagina Louis Pasteur perdendo sua curiosidade científica por não poder patentear sua vacina.

De qualquer maneira, há um leque de novas articulações em desenvolvimento, e precisamos olhá-las com tolerância e tranquilidade a fim de buscar soluções na linha do *win-win* [ganha-ganha] e do equilíbrio real dos interesses dos diversos agentes do processo. A simplicidade do editor que publica e vende e do consumidor que compra e lê já não corresponde ao mundo moderno. E a criminalização não resolve nada. Precisamos assegurar o equilíbrio da remuneração, no caso do uso comercial, e a gratuidade do uso sem fins lucrativos. O próprio mundo empresarial está descobrindo isso.

O potencial empresarial

Wikinomics significa "economia da colaboração", por simples associação de ideias: todos conhecem o processo que originou a Wikipédia, enciclopédia construída por meio de colaboração livre e gratuita de inúmeras pessoas, movidas pelo simples prazer de fazer uma coisa útil. Dizemos aqui "simples prazer", mas se trata de uma imensa e subestimada motivação. Em *Wikinomics* (2007), Don Tapscott e Anthony Williams avaliam que o mundo empresarial tem descoberto que a colaboração pode ser mais proveitosa que a competição.

"Estamos mudando de locais de trabalho fechados e hierárquicos, com relações de emprego rígidas, para redes de capital humano progressivamente mais auto-organizadas, distribuídas e colaborativas, que obtêm conhecimento e recursos de dentro e de fora da empresa" (Tapscott & Williams, 2007, p. 292). Evidentemente, por trás desse deslocamento de visão está um aspecto que tem sacudido nossa sociedade de forma profunda e ainda mal delineada: a conectividade, isto é, a possibilidade de qualquer pessoa se comunicar com outras em todos os lugares do planeta. Ou seja, quanto mais colaboramos e partilhamos nosso conhecimento, mais todos enriquecem. Os lucros dos intermediários e a remuneração dos inovadores devem ser confrontados com esse potencial.

Na selva de registros, copyrights e patentes ecoam gritos contra as violações da propriedade intelectual, a pirataria e a monstruosa conspiração das pessoas que fazem coisas úteis por prazer, de forma colaborativa, e com resultados tecnicamente superiores. Para quem deseja colocar pedágios em cada ação do nosso cotidiano, uma sociedade na qual as pessoas colaboram é uma ofensa. O aporte mais importante do livro de Tapscott e Williams é mostrar que, em vez de aplicar a bens imateriais regras referentes a bens manufaturados, como no século passado, as empresas terão melhor futuro se aprenderem a colaborar através de regras inovadoras.

> Tendo amadurecido rapidamente nos últimos três anos, essas armas de colaboração em massa permitem que os funcionários interajam e criem com mais pessoas em mais regiões do mundo usando um conjunto de capacidades mais versátil, tendo menos transtornos e sentindo mais prazer do que com qualquer outra geração de tecnologias para o local de trabalho. Eles também podem agir globalmente — atravessando silos organizacionais e se conectando com clientes, parceiros, fornecedores e outros participantes que agregam valor ao ecossistema da empresa. E mais: a natureza cada vez mais aberta dessas ferramentas significa que essa nova infraestrutura para colaboração está acessível a uma base muito mais ampla de pessoas e empresas — na verdade tão ampla que existem pouquíssimas barreiras para que as organizações as adotem, a despeito de suas posturas. (Tapscott & Williams, 2007, p. 300)

Aqui também se constata que a obsessão por tudo trancar e controlar gera mais custos do que promove ideias, através do atravancamento burocrático da pesquisa aberta e colaborativa, que é como se criam as ideias. Isso se verifica nas mais variadas áreas, inclusive nos setores industriais tradicionais, nos quais o conteúdo de tecnologia tem se ampliado, exigindo mais processos colaborativos.

> Enquanto as patentes proliferavam, os orçamentos de P&D [pesquisa e desenvolvimento] subiam até atingir níveis ineficientes, e empresas de biotecnologia, indústrias farmacêuticas, universidades, entidades governamentais, compradores de assistência médica e o sistema judiciário estavam se embrenhando em lutas caras e nocivas pelos benefícios econômicos dessas patentes. (Tapscott & Williams, 2007, p. 205)

O conhecimento constitui uma grande riqueza e, como a sua disseminação se tornou virtualmente gratuita, liberar o acesso aumenta o estoque de riqueza de todos. A era do conhecimento leva naturalmente à economia da colaboração, e esta aumenta as chances de democratização de uma economia hoje travada pelos sistemas cada vez mais complexos e inúteis de cobrança de pedágio. Tapscott e Williams analisam um conjunto de experiências de aplicação criativa dessa visão na área empresarial. Trata-se de um avanço que mostra que há cada vez mais espaço para vida inteligente. Não é interessante nem viável simplesmente eliminar os sistemas atuais de cobrança de direitos sobre a economia criativa, mas deve ser empreendida uma progressiva redução e simplificação dessa selva de cobranças a fim de liberar o imenso potencial criativo latente na sociedade. Patentes de vinte anos e copyrights de setenta anos após a morte do autor são pré-históricos e geram dividendos para acionistas que não criam nada, apenas extraem. A indústria farmacêutica constitui outro exemplo, com suas cifras fictícias de custos de pesquisa.

A universalização do acesso

Não basta ter "direito" ao acesso — precisamos de infraestruturas que o materializem. O wi-fi é a tecnologia que permite acessar a internet sem fio em qualquer lugar da casa, do escritório, do aeroporto ou da cidade a partir de um ponto emissor. Significa trabalho ou distração confortável no sofá com o laptop, sem estar preso aos fios. O ambiente de certa forma se "banha" no sinal da internet em banda larga. Nos últimos anos, multiplicaram-se as cidades wi-fi, onde uma pessoa pode se sentar em qualquer parque e trabalhar conectado à vontade. É a versão computador, digamos assim, do telefone celular, cobrindo todo um espaço urbano.

Atualmente há entre as cidades uma corrida para instalar retransmissores de forma que todo o espaço urbano esteja coberto pelo sinal, processo chamado de *municipal mesh wi-fi networking*. Segundo Paul Marks,

> as redes públicas wi-fi terão também impacto na configuração do wi-fi em residências, escolas, livrarias e cafés [...]. Sistemas que abrangem toda uma cidade interligam um conjunto de pontos wi-fi para formar uma teia (*mesh*) através da qual os sinais de rádio recebidos num ponto saltam de antena para antena até encontrarem alguém conectado à rede. (Marks, 2006)

Hoje, a tecnologia que permite conectividade em todo o espaço urbano é barata. Por exemplo, a Filadélfia, nos Estados Unidos, iniciou em 2006 o projeto de fazer com que "cerca de quatro mil postes nos 320 quilômetros quadrados da cidade [tivessem] antenas wi-fi", cobrindo "a cidade com sinal de banda larga sem fio", com a promessa de "um acesso à internet de 1 megabit/segundo por menos de dez dólares por mês, comparado com 45 dólares para a conexão a cabo" (Marks, 2006). A cidade de Taipei, em Taiwan, está generalizando o sistema com uma taxa geral de doze dólares por mês

Houve dificuldades, segundo Marks, de interoperabilidade e fixação de padrões, e sobretudo resistência das grandes empresas de telecomunicações, que buscam impedir o sistema:

> O wi-fi municipal nos Estados Unidos está encontrando oposição significativa dos maiores grupos de telecomunicações, como Verizon, BellSouth e Cox Communications [...]. Em doze estados, já conseguiram tornar ilegal que uma cidade monte uma rede sem fio que compita com a empresa de telecomunicações local. (Marks, 2006)

O impacto de assegurar a inclusão digital é bastante evidente, sobretudo com a perspectiva de acesso a computadores básicos baratos (cem dólares), agora bem real. Em seu projeto de inclusão digital, a Filadélfia proporciona conexão para 1,4 milhão de pessoas que vivem abaixo da linha de pobreza. Com o custo relativamente baixo — doze dólares por mês é o preço de um livrinho — e o imenso aumento de produtividade que a conectividade permite, além do evidente aproveitamento escolar, trata-se de um eixo fundamental do avanço da produtividade sistêmica do território.

No Brasil a tecnologia se expandiu rapidamente a partir do exemplo pioneiro de Piraí, no estado do Rio de Janeiro, já há décadas em funcionamento. Todos ficam mais produtivos, desde o comerciante que compra e vende melhor até a escola que passa a usar a internet com um laptop por aluno. A generalização do acesso à banda larga tem ocorrido no Brasil em toda a rede de escolas públicas, assim como no Uruguai e em outros países. O livre acesso ao conhecimento pode se firmar como um dos principais vetores de redução da desigualdade no planeta. Vale a pena atravancar esse processo para manter a renda de alguns intermediários?[31]

A inclusão digital se tornou um eixo fundamental de modernização do Brasil. Com o golpe de 2016, houve um atraso importante nesse projeto, e um relatório do Centro Regional de Estudos para o Desenvolvimento da Sociedade da Informação (Cetic) — um departamento do Núcleo de Informação e Coordenação do Ponto BR (NIC.br), ligado ao Comitê Gestor da Internet no Brasil (CGI.br) — apresenta uma situação crítica em boa parte da sociedade em 2024:

> Os resultados por faixas de conectividade significativa chamam atenção, uma vez que, entre os brasileiros de dez anos ou mais, apenas 22% estão na faixa dos *scores* mais altos (entre sete e nove pontos). [...] O maior grupo observado no estudo é aque-

31 Sobre a experiência do Uruguai, ver "Documental Plan Ceibal" [vídeo], disponível em: http://vimeo.com/2465202.

le com *scores* mais baixos (até dois pontos), que representa um terço (33%) da população no Brasil. Quando somado ao grupo com três ou quatro pontos (24%), que são todos aqueles com menos da metade dos condicionantes propostos, representam mais da metade da população brasileira. Ou seja, a maioria dos indivíduos de dez anos ou mais no Brasil está em situação de baixa conectividade significativa. (NIC.br, 2024, p. 102-3)

A faixa de conectividade mais alta representa o acesso básico completo, com computador, celular e velocidade adequados.[32]

O direito da comunidade de ter seus próprios meios de comunicação é essencial. Estamos evoluindo, como bem descreve Lessig (2001), da civilização *read-only* [somente leitura] e da recepção passiva de conteúdos para uma civilização R-W, ou *read-write* [leitura e escrita], em que qualquer grupo ou indivíduo pode postar conteúdos na

32 "Embora o país caminhe para a universalização do acesso à internet, com 84% de seus habitantes de dez anos ou mais usuários da rede, somente 22% dos brasileiros a partir dessa idade têm condições satisfatórias de conectividade. Para a maioria (57%), a realidade é menos positiva"; ver "Perto da universalização do acesso à internet, Brasil ainda tem maioria da população com baixa conectividade significativa, revela novo estudo", Cetic.br, 15 abr. 2024.

internet, corrigir verbetes da Wikipédia, comentar artigos publicados, comunicar o efeito inesperado de um medicamento aos fabricantes. A comunicação passou a ser interativa, e a própria grande mídia — que, através da Associação Brasileira de Emissoras de Rádio e TV (Abert), combate quaisquer tentativas de democratização do acesso, criminalizando as rádios comunitárias — precisará começar a pensar seu futuro de maneira criativa.

Lia Ribeiro Dias faz um comentário forte sobre a "mídia do povo" que vale a pena transcrever parcialmente:

> Não se sabe nem seu tamanho nem seu alcance, mas a mídia popular vem ganhando musculatura. São jornais, revistas, vídeos e rádios, produzidos por equipes de comunidades de baixa renda ou das periferias das grandes cidades. No lugar de personagens da mídia convencional, geralmente retratadas pelo que não têm e não pelo que são, as comunidades resgatam sua identidade, criando seus próprios canais de expressão [...]. Ao se autoexpressar e passar de público-alvo a público participante, a comunidade se apropria de sua representação, ganha autoestima e conquista poder. (Dias, 2006)

O fenômeno da comunicação comunitária, que já provocou o surgimento de escolas de comunicação popular em vários estados, conquista adeptos especialmente entre os jovens. São eles os repórteres, editores, locutores, produtores de vídeo e fotógrafos. Uma legião de novos autores não para de crescer e é a prova viva de que a legislação que reservava a jornalistas diplomados o desempenho dessas funções, revogada em 2009, era anacrônica e antidemocrática, feria o direito de expressão e impedia o empoderamento das comunidades.

Estamos acostumados a que a mídia seja assunto de gente grande — de preferência, enorme. A mídia comunitária parece um assunto menor. Na era do R-W interativo, as mudanças são profundas. O software livre constitui outra tendência que visa evitar que os sistemas de informação fiquem presos a um monopólio planetário, ainda que aqui a briga seja cada vez mais dura. Atualmente, no Brasil, uma geração de jornalistas, pesquisadores e professores publica on-line, assegurando informação livre do enquadramento comercial da grande mídia e abrindo progressivamente outra dimensão de informação, em portais como *GGN*, *Outras Palavras*, *IHU*, *Brasil 247*, *A Terra é Redonda* e tantas outras fontes (Dowbor, 2022a). Mas o poder de manipulação dos gigantes das plataformas ainda é muito dominante, como constata Max Fisher (2023). A família Marinho tem uma fortuna da ordem de trinta bilhões de reais (Ertel, 2022). São recursos de publicidade, pagos por nós na compra de produtos, que financiam a informação com viés comercial, inclusive com manipulações políticas.[33]

Na área da briga pelo direito à comunicação, ainda damos os primeiros passos. Tal como a IBM na era dos *mainframes*, os gigantes da mídia querem impedir o surgimento de uma liberdade de comunicação efetiva nas comunidades. Do ponto de vista técnico, isso é absurdo, pois, da mesma forma que houve um barateamento radical dos microcomputadores, que permitiu que se tornassem aparelhos domésticos, montar uma emissora hoje é muito simples e barato. Não se justifica mais a megaempresa que controla conteúdos. Cada escola e cada comunidade poderia ter sua própria emissora de rádio ou TV para ajudar a organização comunitária. Tentar impedir essa democratização faz parte das velhas

33 A mídia comercial fica presa aos interesses de seus financiadores. A maximização da atenção a qualquer custo, que aumenta a remuneração da publicidade, leva por sua vez à priorização dos conteúdos que chamam a atenção em vez dos que informam e enriquecem culturalmente. O besteirol reina. Os filmes na TV quase sempre vêm com a etiqueta "violência, sexo, drogas". É a indústria da atenção, da maximização da atenção e dos dividendos, usando o espectro de ondas eletromagnéticas, que é da natureza.

tradições centralizadoras dos interesses financeiros. E hoje a universalização da inclusão digital de qualidade é uma prioridade.

O absurdo universitário

Na área universitária, em vez de trancarmos nossos saberes à maneira dos comportamentos ultrapassados das empresas privadas, precisamos nos tornar vetores de multiplicação e disseminação de conhecimento. Analisando as vantagens da disponibilização gratuita de artigos on-line, Tapscott e Williams citam Paul Camp: "O que nós queremos é informação válida, analisada por *peering* [pares]. Que importa se isso aconteceu porque um editor mandou o artigo para ser analisado por alguém ou se ele foi analisado via e-mail por uma comunidade de pessoas interessadas naquele assunto, em resposta à sua publicação preliminar no arXiv? O resultado é o mesmo" (Tapscott & Williams, 2007, p. 199).

Como fica a nossa pré-histórica cultura de fotocopiar um capítulo de livro e com isso fornecer base para o trabalho científico dos alunos, nas grandes universidades do país? Uma equipe da Universidade de São Paulo (USP) que trabalha com propriedade intelectual, o Grupo de

Pesquisas em Políticas Públicas de Acesso à Informação (G-Popai), fez em 2008 um levantamento básico: a cada ciclo letivo, os alunos precisavam gastar 3,8 mil reais com livros, sendo que 80% deles vinham de famílias com renda de até cinco salários mínimos, que na época era de 415 reais, o que significa que os livros simplesmente não eram adquiridos. Além disso, 30% dos livros não são reeditados, e tampouco podem ser fotocopiados. As editoras gostam de best-sellers, mas não se interessam por *long-sellers* (Craveiro, Machado & Ortellado, 2008). Não editam nem deixam editar, pois seguram os direitos autorais. Seria correto que os copyrights das editoras caducassem automaticamente ao ficarem os livros esgotados e não reeditados por mais de cinco anos.

Não se trata aqui apenas do direito de acesso aos volumes. É vital o acesso rápido e prático, o "aqui e agora" que as tecnologias permitem, e que os alunos não entendem por qual motivo não podem utilizar. Com a disponibilização em meios digitais, ainda mais importante é a perspectiva de cruzamento inovador de conhecimentos, fator essencial na aprendizagem de qualquer ciência. Uma pessoa pode relacionar análises estatísticas de desemprego com análises de impacto psicológico sobre a juventude e verificar como esses processos incidem na criminalidade, e assim por diante, compilando autores de diferentes áreas científicas e diferentes visões políticas. A fantástica possibilidade de descobrir encadeamentos nas dinâmicas estudadas exige que os materiais estejam disponíveis on-line e gratuitamente, pois o lucro está no avanço científico da sociedade, e apenas marginalmente na remuneração do autor ou do intermediário. Mustafa Suleyman sintetiza assim essa mudança sistêmica: "A soma de milhares de anos de estudos e pesquisas está disponível em um clique" (Suleyman & Bhaskar, 2023, p. 152).

Isso levou o Massachussetts Institute of Technology (MIT) a mudar radicalmente de postura e disponibilizar o conjunto de seus cursos na íntegra, on-line e gratuitamente no OpenCourseWare (OCW), análogo do sistema de fonte aberta (*open source*) do Linux. A iniciativa do MIT, principal centro de pesquisas dos Estados Unidos, abre caminho para que as universidades optem pelo padrão Creative Commons, assegurando assim a gratuidade do uso não comercial da produção científica. O ArXiv já disponibiliza mais de dois milhões de artigos (Suleyman & Bhaskar, 2023, p. 129). A China, por sua vez, utiliza o sistema Open Resources for Education [Recursos livres para educação] (ORE).

Permitam-me apresentar aqui a minha experiência pessoal como mantenedor de um site que opera na linha do Creative Commons, hoje com cerca de 1,5 mil títulos. Quando apresentei ao Comitê Gestor da Internet no Brasil a forma como disponibilizo os textos gratuitamente on-line, um colega comentou comigo depois da reunião: "Mas o seu exemplo não é sustentável, pois você não ganha dinheiro com isso". Perguntei-lhe quanto ganhava publicando artigos científicos em revistas universitárias, a forma mais avançada de enterrar nossa produção científica. Não comento aqui sua resposta.

O fato de publicar gratuitamente nunca travou meu gosto de pesquisar; pelo contrário, faz-me sentir mais livre. As pessoas leem, comentam, criticam o que escrevo em qualquer parte do mundo, pois a internet é planetária, enquanto a biblioteca é local. Como me leem, fico mais conhecido, faço palestras, equilibro o meu orçamento de forma indireta. Além disso, ganho um salário como professor universitário. Não preciso receber dinheiro por tudo o que faço. As editoras estão começando a se dar conta de que a divulgação on-line aumenta as vendas, pois ler na tela também cansa. Meu livro *A era do capital improdutivo* (2017) já teve inúmeras reimpressões e vende bem nas livrarias, mesmo que esteja disponível gratuitamente on-line.

Segundo Peter Eckersley (2009), "quando a tecnologia possibilitou uma nova abundância de conhecimento, políticos, advogados, corporações e administrações universitárias ficaram cada vez mais determinados a preservar a sua escassez". O autor dá um exemplo para explicitar essa lógica:

> A água é abundante e essencial; os diamantes são raros e inúteis. Mas são muito mais caros do que a água porque são muito mais escassos. As pessoas que estão no negócio de vender informação têm boas razões para querer um futuro onde o conhecimento seja valorizado como os diamantes, e não como água. Aqui, os gigantes farmacêuticos, Hollywood, Microsoft e até *The Wall Street Journal* falam com a mesma voz: "Continuem expandindo as leis de copyright e de patentes para que os nossos produtos continuem caros e lucrativos". E pagam lobistas no mundo todo para assegurar que essa mensagem chegue aos governos.

Particularmente absurda é a dificuldade de acesso a conhecimentos desenvolvidos com dinheiro público:

> Consideremos o movimento de livre acesso (*open access movement*), que faz campanha para que os artigos científicos sejam de livre acesso para o público, que é quem afinal custeou a pesquisa por meio da arrecadação de impostos. Historicamente, a maior parte dos textos científicos ficou

> confinada a publicações caras e disponíveis essencialmente apenas para pessoas com vínculo universitário. Alguns editores resistiram ao movimento de livre acesso, mas a tendência é contrária. Em março de 2009, por exemplo, o Congresso estadunidense tornou permanente a exigência de que toda pesquisa financiada pelos Institutos Nacionais de Saúde tenha acesso livre, e outros países estão seguindo o exemplo. Pode-se prever que, dentro de uma ou duas décadas, a literatura científica estará on-line, livre e disponível para pesquisa. (Eckersley, 2009)

Assim como outros pesquisadores interessados no enriquecimento científico e cultural generalizado, Eckersley não sugere a ausência de remuneração a quem produz ciência, mas o seu deslocamento: "Os que publicam as revistas [científicas] continuarão a ser remunerados, mas num ponto diferente da cadeia". Vale a pena explorar essa visão. Vimos o exemplo da IBM, que soube se reconverter, ou seja, passou a ganhar dinheiro "num ponto diferente da cadeia". Tentar impedir o avanço dos modernos meios de divulgação não faz muito sentido, e os grandes intermediários, tanto casas editoriais como grandes selos musicais, precisam melhorar sua contribuição no quadro do novo referencial tecnológico, em vez de recorrer o tempo todo ao Estado e à polícia para garantir sua renda de intermediação, gerada por pedágios que dificultam o acesso.

Na realidade, melhor do que nos confinarmos numa guerra ideológica seria formular novas regras econômicas que permitam equilibrar o interesse primordial, que é o avanço científico-cultural da sociedade; em segundo lugar, o dos autores que criam e inovam; e, por último, os intermediários que produzem apenas o suporte físico e tendem a se arvorar como “proprietários”. O suporte físico é importante, os livros continuarão a vender, mas esses intermediários não precisam exigir monopólio nem chamar a polícia, muito menos dificultar o acesso a tecnologias que hoje são universais. O acesso à versão virtual, que representa custos quase nulos para os intermediários, é frequentemente extorsivo.[34]

34 Na Pontifícia Universidade Católica de São Paulo (PUC-SP), sistematizamos um conjunto de propostas para a universidade na era digital; ver Almeida *et al.* (2022).

Um processo aberto

O que tentamos desenhar aqui não é um conjunto fechado de respostas, mas o leque de questões teóricas que nos desafiam e que resultam diretamente da ampla evolução até o que chamamos de sociedade do conhecimento. O eixo de apropriação de mais-valia se desloca do controle da fábrica para o da propriedade intelectual. Mudam as relações de produção, alteram-se o conteúdo e a remuneração das trocas internacionais. Numa sociedade moderna e complexa, as relações econômicas exigem soluções mais flexíveis e diferenciadas. Os eixos de reflexão requerem novos instrumentos de análise, e os autores citados acima abrem espaços que vale a pena acompanhar.

Não são visões extremistas as que encontramos nos livros de Lawrence Lessig (2001) sobre o futuro das ideias, de James Boyle (2008) sobre sua dimensão jurídica, de André Gorz (2005) sobre a economia do imaterial, de Jeremy Rifkin (2001) sobre a economia de custo marginal zero, de Eric Raymond (2001) sobre a cultura da conectividade, de Joseph Stiglitz (2024) sobre os limites do sistema de patentes, de Manuel Castells (2009) sobre a sociedade em rede, de Max Fisher (2023) sobre o abuso das grandes plataformas de comunicação, de Mustafa Suleyman e Michael Bhaskar (2023) sobre os desafios da inteligência artificial, de Tom Malleson (2023) sobre os impactos na desigualdade, de Alvin Toffler (1980) sobre a terceira onda, de Pierre Lévy (1997) sobre a inteligência coletiva, de Hazel Henderson (1996) sobre os processos colaborativos.

São visões de bom senso, e muitos pesquisadores, autores e editores estão se reajustando. As novas dinâmicas estão em curso e ocupam espaços na linha de frente tecnológica, e não na linha da defesa de dinâmicas desatualizadas. Instituições de pesquisa como o MIT, autores científicos como Lester Brown, editoras como a Fundação Perseu Abramo, compositores como Gilberto Gil e até escritores de grande sucesso comercial como Paulo Coelho apontam para um universo mais equilibrado. Não se trata de utopias, e sim de mudanças em curso. Os que souberem se readequar encontrarão seu lugar.[35]

E não devemos esquecer que a própria vida é essencialmente um código, o código genético:

> Tal como a IA, a biologia sintética está numa forte trajetória de custos decrescentes e capacidades em alta. No centro dessa

35 Apresento uma sistematização das mudanças no livro *O capitalismo se desloca* (2020). O próprio Sesc disponibiliza esse livro on-line, gratuitamente, e explicita a importância da nova postura editorial. O livro impresso continua vendendo.

> onda está a compreensão de que DNA *é* informação, um sistema de codificação e armazenamento biologicamente evoluído [...]. Organismos geneticamente construídos (*engineered*) já representam 2% da economia dos Estados Unidos, por meio de aplicações na agricultura e na indústria farmacêutica. (Suleyman & Bhaskar, 2023, p. 88)

A aplicação da IA à construção ou modificação de formas de vida constitui um potencial e uma ameaça. É parte importante deste novo universo cujas regras do jogo precisam ser reconstruídas.

O Brasil enfrenta uma situação peculiar, pois herdou e reproduz uma desigualdade que marginaliza grande parte da população, enquanto a economia do conhecimento e seus potenciais ficam essencialmente limitados ao terço mais abastado. É um país onde o setor informal representa quase metade da população economicamente ativa. Não podemos nos dar ao luxo de não aproveitar ao máximo o imenso potencial oferecido pelas novas tecnologias. Hoje, para não ser excluída, uma pessoa precisa de um nível de conhecimento muito mais amplo do que a alfabetização pela qual batalhava Paulo Freire. A pedagogia do oprimido, hoje, tem expressão digital.[36]

O desafio da democratização da economia adquire uma dimensão importante, pois o acesso ao conhecimento, novo fator de produção, pode se tornar um vetor privilegiado de inclusão produtiva da massa dos prejudicados no acesso às oportunidades sociais. Como vimos, uma vez produzido, o conhecimento pode ser divulgado e multiplicado com custos extremamente limitados. Ao contrário dos bens físicos, quem repassa conhecimento não o perde. O direito de acesso ao conhecimento é um eixo central da democratização econômica das nossas sociedades.[37]

São quatro pontos essenciais: primeiro, no centro do progresso econômico e social, bem como da preserva-

36 O cruzamento entre economia e educação pode ser visto no prefácio que Paulo Freire me pediu para o seu livro *À sombra desta mangueira* (Dowbor, 1995).

37 Isto pode tomar dimensões eminentemente práticas. O Fundo de Universalização dos Serviços de Telecomunicações (Fust), por exemplo, poderia assegurar a generalização do acesso à banda larga para toda a população, na linha de um programa "Brasil Digital". Andar nas ruas é gratuito, ainda que sua construção e manutenção tenham custos, mas essa gratuidade e o uso livre pelas pessoas permite, por exemplo, que se instale uma padaria que irá render. Um processo reforça o

ção ambiental, está o conhecimento. Segundo, o conhecimento se multiplica melhor através de processos colaborativos: a guerra econômica é ineficiente. Terceiro, o conhecimento imaterial se divulga e generaliza sem custos adicionais, abrindo imensas oportunidades de inclusão produtiva econômica e social. Quarto: como vimos, trata-se de tecnologias desenvolvidas essencialmente com recursos públicos — as ondas eletromagnéticas pertencem à natureza, e as informações que as plataformas capturam são gratuitas, enquanto nossas informações privadas são apropriadas sem pagamento: não há razão para que o sistema fique na mão de meia dúzia de grupos privados que extraem trilhões, gerando custos absurdos e deformações profundas. O acesso público gratuito é o caminho no quadro da regulação global.

---

outro. Hoje pagamos fortunas aos intermediários por meio de pedágios nas infovias. O acesso deve ser livre e gratuito, permitindo a disseminação de produtos e serviços que multiplicam as atividades econômicas remuneradas.

3 O rentismo como mecanismo de exploração

O sistema financeiro nacional [será] estruturado de forma a promover o desenvolvimento equilibrado do país e a servir aos interesses da coletividade.

— Constituição da República Federativa do Brasil de 1988, art. 192

Nosso sistema financeiro é gigante e disfuncional, pois não atua como criador de crédito e de financiamento do investimento e do consumo do setor privado, mas como corretor dos rentistas que vivem à custa do financiamento da dívida pública.

— José Luis da Costa Oreiro *et al.*, "Carta aberta ao presidente Lula" (2022)

Precisamos de uma reestruturação significativa da arquitetura financeira internacional em favor de procedimentos de insolvência soberana baseados em regras justas e transparentes.

— Kristina Rehbein, "In Search of Financial Justice" (2023)

O enriquecimento das elites no quadro do capitalismo industrial se baseava na exploração por meio de baixos salários. Era injusto e provocou lutas históricas pela melhoria das condições da classe trabalhadora. Mas, para explorar um trabalhador, o capitalista precisava lhe assegurar um emprego, assim como produzir bens e serviços úteis para gerar lucros. Na venda, pagava impostos, o que permitia ao Estado completar o ciclo produtivo com bens e serviços de consumo coletivo, essencialmente através de políticas sociais como saúde, educação e segurança, além da construção de infraestruturas. Durante os trinta anos posteriores à Segunda Guerra Mundial (e mesmo antes, no quadro do New Deal estadunidense), foi um processo que permitiu simultaneamente o crescimento econômico e a inclusão produtiva — ao menos, como vimos na primeira parte deste estudo, nos países que hoje constituem o Norte global. O Sul global continua em situação precária, quando não catastrófica, com a exceção notável da China.

A partir dos anos 1980, com Ronald Reagan nos Estados Unidos e Margaret Thatcher na Inglaterra, mas sobretudo com a evolução para uma economia global de financeirização, o sistema se deslocou por meio de mecanismos que já analisamos, tais como compilados por Brett Christophers (2020). Mas uma geração de autores como Thomas Piketty, Joseph Stiglitz, Mariana Mazzucato, Michael Hudson, Gerald Epstein, Gabriel Zucman e Tom Malleson tem descrito uma mutação profunda no capitalismo, através de aportes que aqui desenvolvemos como uma transformação estrutural que engendra um novo modo de produção. Historicamente, trata-se de uma mudança muito acelerada, se comparada com a formação do capitalismo industrial. Como vimos, atinge praticamente todos os setores de atividade, ainda que de maneira desigual. A própria palavra "neoliberalismo" indica que as caracterizações anteriores já não são válidas. O "neo" não basta diante da profundidade das transformações.

O lucro sobre a produção evoluiu para o rentismo sobre a intermediação, o emprego permanente se tornou em grande parte precário, e o Estado provedor e regulador se viu fragilizado pela dimensão das plataformas de comunicação, informação, intermediação comercial e sobretudo de finanças. É esta última dimensão que abordaremos nesta terceira parte.

O dinheiro não é um "bem" ou um "produto" — hoje é apenas uma anotação informática, significando um direito sobre bens e produtos de todos os setores da economia. De certa forma, o conhecimento se tornou o principal fator de produção, mas o acesso a ele e a outros bens e serviços depende desse dinheiro, hoje extremamente concentrado. Se antes havia o poder do dono de uma fábrica, hoje temos um oligopólio financeiro que, por meio de "papéis", domina amplos setores da economia. Embora ainda sejam chamados de "papéis", não passam de números nos computadores, e sua forma de apropriação se deslocou profundamente. A mais-valia tradicional se viu ultrapassada e agravada por mecanismos financeiros muito mais amplos.

Nesta seção, apresentamos o leque de formas de enriquecimento financeiro, que não é proporcional à contribuição produtiva de quem as maneja. As finanças não são um setor, mas uma dimensão de tudo que fazemos: algoritmos programados para maximizar os lucros dos intermediários que dominam o moderno universo econômico. Discutimos aqui os mecanismos concretos de como esse sistema funciona no Brasil, essa estranha mistura de desigualdade, fome, violência e destruição ambiental, geradas e controladas por tecnologias de ponta.

A produtividade sistêmica da economia depende essencialmente da alocação racional de recursos. Isso implica, por sua vez, que haja convergência entre o destino dos recursos e os interesses da sociedade. Hoje, o dinheiro impresso pelo governo representa apenas cerca de 5% da liquidez; a quase totalidade consiste em sinais magnéticos, dinheiro virtual. A fluidez radicalmente nova desse meio de pagamento, bem como a financeirização generalizada e a conectividade planetária, permite formas muito mais amplas de apropriação do produto social. Analisamos esse processo como um fluxo financeiro integrado, que envolve tanto os juros sobre a dívida pública quanto o endividamento das famílias e das empresas produtivas, além da deformação tributária e outros mecanismos. A apropriação improdutiva dos recursos representa cerca de 20% do PIB brasileiro, na estimativa mais baixa.

Também devemos acrescentar a evasão fiscal, da ordem de 6% do PIB, e as renúncias fiscais, de cerca de 5%: tais recursos não são drenados do Estado, das famílias e das empresas, mas deixam de entrar no orçamento público. Em outro nível, é preciso contabilizar as perdas causadas pela deformação do sistema tributário, em particular a isenção de impostos sobre lucros e dividendos distribuídos, a isenção da produção de bens primários e semiprimários destinados à exportação (Lei Kandir) e a cobrança ineficaz do Imposto Territorial Rural (ITR). No conjunto, a esterilização de recursos econômicos no quadro da financeirização representa um dreno líquido superior a 25% do PIB, mesmo considerando que uma parte retorna à economia produtiva.

Trata-se aqui de sistematizar os volumes drenados pelo que temos chamado de "capital improdutivo". Esses recursos deveriam ser reorientados para dinamizar o conjunto dos processos de desenvolvimento do país. O absurdo do sistema é que essa reorientação poderia assegurar mais riqueza inclusive aos que hoje dominam a apropriação financeira no curto prazo. A incompetência econômica é sistêmica. Gerou-se uma fratura profunda entre o enriquecimento no topo e a utilidade econômica e social.

Os juros extorsivos

Piketty (2014) explicita os mecanismos: quando o rentismo financeiro — ou seja, a aplicação em títulos e diversos "produtos" financeiros — rende mais do que abrir uma empresa e realizar um investimento produtivo, o dinheiro flui para ganhos improdutivos. Um exemplo: quando o país enfrenta uma taxa básica de juros (Selic) de 13,75%, esse valor é pago pelo governo aos detentores privados de títulos da dívida pública, basicamente os 10% mais ricos da sociedade, usando os impostos que pagamos. Ou seja, esses impostos, em vez de financiarem investimentos estatais em educação, saúde e infraestruturas, vão para os grandes grupos financeiros, que gostam de se chamar genericamente de "mercados", mas têm nome e endereço, e são poucos. O Estado não se endividou para construir escolas, por exemplo, ou com o pagamento do Bolsa Família: 82% do aumento da dívida pública resulta de juros acumulados.

Sem nenhuma contribuição produtiva, esses grupos drenam anualmente, só nessa modalidade, cerca de setecentos bilhões de reais, ou seja, o equivalente a cerca de 7% do PIB. Esses 7% poderiam se transformar em investimentos produtivos. Mas, por que o dono de capital se arriscaria na economia real se pode ganhar 13,75% sem risco e sem esforço? Descontando a inflação, um ganho líquido de 8,5%. Em 2024, diante do escândalo que isso representa, conseguiu-se reduzir a taxa para 10,5%. Um nível escandaloso em nome do combate à inflação, que está em cerca de 4%.[38]

38 Quando oligopólios como os dos planos de saúde, da indústria farmacêutica, do gás de cozinha e dos combustíveis elevam os preços, o fazem somente para aumentar os dividendos. É inflação gerada por lucros (*profit inflation*), e não inflação de demanda. As justificativas do Banco Central, na fase sob Roberto Campos Neto, são simplesmente falsas: é oportunismo financeiro gerando ganhos privados sobre recursos públicos.

O endividamento público poderia se justificar se, por exemplo, financiasse um programa de apoio tecnológico à agricultura familiar: resultaria em produtividade mais elevada e mais produtos, cujo consumo por sua vez permitiria retorno para os produtores, os empresários da cadeia alimentar e o próprio Estado, através do imposto sobre o consumo e em diversos pontos do ciclo produtivo dinamizado. O fato de 82% do aumento da dívida resultar de juros acumulados significa que estamos simplesmente alimentando especuladores financeiros. Segundo pesquisa de Carlos Luque e colegas (2022), "desde 1995 o governo pagou aos detentores da dívida pública o equivalente a 5%-7% do PIB ao ano, muito mais do que o déficit das aposentadorias ou outros itens de gastos [que são] objeto de muita discussão no Congresso e na mídia".

Um dreno improdutivo desse porte necessita de uma narrativa: proteger a população da inflação. É uma farsa evidente, pois elevar a taxa sobre a dívida pública seria eficiente apenas numa economia sobreaquecida, que precisasse ser esfriada, e, portanto, com inflação por excesso de demanda. O último ano de crescimento significativo no Brasil foi 2013, quando o PIB subiu 3%, antes da retomada inicial em 2023. Numa economia estagnada, transferir dinheiro do Estado para grupos financeiros que o reaplicam para obter mais juros — em vez de financiar infraestruturas, por exemplo, o que dinamizaria a economia — constitui uma apropriação indébita de recursos públicos.[39] Em 2022, foram drenados entre seiscentos bilhões e setecentos bilhões de reais. Para termos noção da ordem de grandeza que esse montante significa, lembremo-nos da batalha parlamentar do governo eleito, em dezembro de 2022, para obter no Congresso a autorização para gastar 145 bilhões por meio da PEC da Transição, destinados a enfrentar situações críticas da população. Esse montante, que representa aproximadamente 1,5% do PIB, é próximo do custo do Bolsa Família, que financia 21 milhões de famílias. Os grupos financeiros extraem anualmente o equivalente a quatro anos de Bolsa Família, apenas nessa dimensão da dívida pública.

39 "Apropriação indébita" é o termo utilizado para esse tipo de desvio. Em nível inferior, seria "roubo", e em nível superior, seria "contabilidade criativa", como no caso das Lojas Americanas. Apropriação indébita é em geral legal, simplesmente porque as leis que a autorizam são feitas por seus beneficiários. Mas não tem contrapartida produtiva. Nesse sentido, apesar de legal, não é legítima. Ver Alperovitz e Daly (2008).

Tal desequilíbrio é agravado pelo crédito privado. Os juros para pessoa física e pessoa jurídica praticados no Brasil constituem um dreno ainda mais amplo. Uma pesquisa noticiada em manchete pelo jornal *O Estado de S. Paulo* aponta que os juros tiravam um trilhão de reais da economia real em 2016, o que na época representava 16% do PIB.[40] O relatório *Estatísticas monetárias e de crédito* do Banco Central, lançado em abril de 2024, apresenta os dados do volume de crédito privado concedido a pessoas físicas e jurídicas — um total de 5,8 trilhões, distribuídos em 1,4 trilhão para pessoas jurídicas no crédito livre, pagando juros de 21,4% (seriam da ordem de 3% na Europa); 2 trilhões concedidos a pessoas físicas, com juros de 52,5% (da ordem de 4%-6% na Europa); e 2,4 trilhões em crédito direcionado. "A taxa média de juros das novas contratações atingiu 27,8% em fevereiro [2024]" (BCB, 2024). Essa taxa média sobre os 5,8 trilhões concedidos ocasiona um dreno da mesma ordem que o de 2016, cerca de 1,6 trilhão, ou 15% do PIB. O escândalo continua.

As pessoas geralmente sentem dificuldade em "visualizar" o que representa a quantia de 1,5 trilhão de reais. Dividida pela população, 212 milhões, é um

40 "Crise de crédito tira R$ 1 tri da economia e piora recessão", *O Estado de S. Paulo*, 18 dez. 2016.

custo de sete mil reais para cada um de nós. Tambem daria para construir dez milhões de casas populares. Esse volume de juros extraídos de famílias e empresas reduz drasticamente o consumo privado e o investimento empresarial, atingindo o emprego e contribuindo para a desindustrialização do país. Alguma parte disso volta para a economia? Não temos esse dado para o Brasil, mas o Roosevelt Institute fez o cálculo equivalente nos Estados Unidos: apenas 10% retornam. No caso da Grã-Bretanha, Mariana Mazzucato (2018) calcula 15%.[41] De todo modo, é um gigantesco dreno improdutivo, que gera as impressionantes fortunas dos bilionários brasileiros e dos grandes gestores internacionais de ativos, listadas pela *Forbes*.

41 "O setor financeiro presentemente representa uma parte significativa e crescente do valor agregado e dos lucros da economia. Mas apenas 15% dos fundos gerados vão para empresas nas indústrias não financeiras" (Mazzucato, 2018, p. 136). Segundo J. W. Mason (2015), do Roosevelt Institute, "nos anos 1960 e 1970, cada dólar adicional em renda ou empréstimos estava associado a um crescimento de quarenta centavos no investimento. Desde a década de 1980, menos de dez centavos são investidos a cada dólar emprestado". Ver também Marjorie Kelly (2001).

Esse rentismo institucionalizado é legal, já que uma emenda constitucional promulgada no início de 2003 retirou do artigo 192 da Constituição brasileira a tipificação da usura como crime: "As taxas de juros reais, nelas incluídas comissões e quaisquer outras remunerações direta ou indiretamente referidas à concessão de crédito, não poderão ser superiores a 12% ao ano; a cobrança acima deste limite será conceituada como crime de usura, punido, em todas as suas modalidades, nos termos que a lei determinar". Lembremos que o princípio geral da Constituição reza que "o sistema financeiro nacional [será] estruturado de forma a promover o desenvolvimento equilibrado do país e a servir aos interesses da coletividade", frase introdutória que é tudo que restou do artigo 192. O crédito não é um ato de generosidade, pois o dinheiro que o banco nos empresta é nosso, e o dinheiro da dívida pública é dos nossos impostos.[42] As pessoas também não costumam ter visão clara sobre a usura ou agiotagem. Na França, por exemplo, a proibição da usura está no código do consumidor, definida como cobrança de uma taxa de juros que ultrapasse em um terço a taxa

42 Hermes Zaneti (2017, p. 157 ss.) descreve com precisão como os bancos conseguiram praticamente tirar o artigo 192 da Constituição.

média praticada pelas instituições financeiras no trimestre anterior. Por exemplo, quando a taxa média no mercado for de 7,35% ao ano, num empréstimo entre três mil e seis mil euros os juros não poderão ultrapassar 9,8%. Para um montante acima de seis mil euros, com taxa média anual de 3,7%, o limite será de 4,93% ao ano (Banque de France, 2021).

É importante registrar que só no Brasil as taxas de juros do setor privado são apresentadas em base mensal. Esse costume foi herdado da era da hiperinflação, quando chegamos a variações mensais tão elevadas que os juros também eram calculados ao mês. A hiperinflação foi derrubada em 1994, mas os bancos continuaram a divulgar a taxa de juros mensal, o que a torna comparável ao que se cobra ao ano no resto do mundo. Na Constituição, os 12% de juros reais obviamente se referiam à taxa anual. A Selic, que determina os juros interbancários e sobre a dívida pública, também é calculada em base anual.

Um exemplo prático: o Santander enviou para o meu celular esta oferta, que transcrevo textualmente: "Santander: Ladislau, ótima notícia p/ os momentos de sufoco! A taxa de juros do seu limite da conta caiu p/ 5,9% a.m., até 31/01/2023". Não pedi essa oferta, invadiram o meu celular, e imagino que o de milhões de pessoas.

Muita gente no sufoco pode achar que é realmente uma "ótima notícia" se enforcar num empréstimo inicial que nunca vão conseguir saldar. Juros ao mês de 5,9% equivalem a praticamente 100% ao ano (98,95%). O banco trabalha com a desinformação, pois pouca gente sabe calcular o juro composto anual. O Santander é o banco de origem do presidente do Banco Central nomeado pelo governo Bolsonaro. Por questões legais, o governo Lula só pôde mudar o presidente no final de 2024: durante dois anos, a política fiscal do governo e a política monetária do BC ficaram divorciadas, uma estrutura patológica herdada do governo anterior.

Não à toa, 79% das famílias no Brasil estão atoladas em dívidas, trabalhando para pagar juros, e frequentemente apenas alongando a dívida.[43] A inadimplência atingiu setenta milhões de adultos em 2023.[44] É bancarrota pessoal em massa. Não há controle, o Banco Central é "autônomo", ou seja, controlado pelos grupos que deveria regular. A facilidade com a qual os grupos financeiros se apropriaram da instituição reguladora, tão importante

43 "Com maior inadimplência em 12 anos, endividamento atinge 79,3% das famílias", *UOL*, 10 out. 2022.

44 "Mais de 70 milhões de brasileiros estão inadimplentes, diz Serasa", *CNN Brasil*, 27 fev. 2023.

para que os recursos financeiros sirvam à economia, e não o contrário, lembra muito a facilidade com a qual conseguiram quase eliminar o artigo 192 da Constituição: não precisaram de outra Constituinte, apenas se apoiaram nos interesses dos próprios deputados e senadores, também aplicadores financeiros. Entre 1997 e 2015, as corporações eram autorizadas a financiar campanhas eleitorais; apenas no final de 2015 o Supremo Tribunal Federal (STF) se deu conta de que o artigo 1º da Constituição — "todo poder emana do povo" — tinha sido violado, e a autorização foi revogada. Mas o mal já estava feito. Nos Estados Unidos, onde autorização semelhante foi adotada em 2010 e segue em vigor, os estadunidenses comentam: "Temos o melhor Congresso que o dinheiro pode comprar". O Banco Central hoje é uma ferramenta das elites financeiras, sob a fachada de um organismo "autônomo" e "técnico".

A agiotagem atinge igualmente as pessoas jurídicas, ainda que em menor medida. A mesma nota do Banco Central (BCB, 2024) mostra um estoque de créditos de 1,4 trilhão de reais, com uma taxa de juros média de 23,1% em 2022. No resto do mundo, a taxa desse tipo de crédito é da ordem de 3%. Na China é de 4,6% ao ano, o que, descontando a inflação de 2%, significa um juro real de 2,6%. No Brasil, os juros pagos pelas empresas, em particular as pequenas e médias — as grandes corporações têm outro nível de negociação —, representaram em 2022 cerca de 320 bilhões de reais, ou 3,2% do PIB. As empresas brasileiras enfrentam, assim, um triplo desestímulo ao investimento produtivo: as famílias estão endividadas, e a demanda, travada; a taxa de juros torna proibitivos os empréstimos nos bancos; e existe a alternativa de usar o capital para comprar títulos da dívida pública, com rendimento sólido e sem risco, custeado por nossos impostos.

A fração do dreno financeiro ligada aos juros ocasiona, assim, um triplo travamento da economia: o Estado perde grande parte da sua capacidade de investimento, o que significa uma fragilização das políticas sociais e dos investimentos em infraestruturas; as famílias desviam grande parte da sua já restrita capacidade de compra para o pagamento de juros, o que debilita o principal motor da economia, que é o consumo das famílias; e o país se desindustrializa com o desestímulo estrutural do investimento empresarial produtivo. Como dissemos, o último ano de crescimento significativo do Brasil foi 2013, quando o PIB subiu 3%. De lá para cá, tivemos apenas uma aparência de crescimento em 2021 e 2022, simples recuperação da recessão de 2020, causada pela pandemia de covid-19. Em 2023, tivemos um crescimento de 2,9%, já resultado das iniciativas do governo Lula de repassar recursos para a base da sociedade, a despeito de todos os limites do "arcabouço". O dreno dos recursos públicos é da ordem de 7% do PIB, o das famílias é de cerca de 10%, e o das empresas gira em torno de 3%. Estamos falando de 20% do PIB, dinheiro que poderia ser investido. Tudo isso faz parte do que Mariana Mazzucato chama de *extractive capitalism*, capitalismo extrativo.

Evasão fiscal e renúncias fiscais

O sistema de juros extorsivos constitui, como vimos, um dreno que atravanca o investimento do Estado, o consumo das famílias e as atividades produtivas. É dinheiro retirado do circuito econômico produtivo, do que hoje se chama de "economia real", para favorecer as corporações financeiras. Outra forma de travamento da economia está ligada ao dinheiro que não é drenado, mas deixa de entrar. Trata-se da evasão fiscal. O Sindicato Nacional dos Procuradores da Fazenda Nacional estima que, "no período de 1º de janeiro a 31 de dezembro de 2022, o prejuízo do país com a sonegação fiscal alcançará 626,8 bilhões de reais".[45] O sindicato lembra que, se esses

45 "Sonegação fiscal causa um prejuízo de 562 bilhões ao Brasil", Sinprofaz, 28 nov. 2020.

recursos tivessem entrado no caixa do governo, poderiam ser revertidos em políticas públicas.[46] São cerca de 6% do PIB. As pessoas comuns não conseguem praticar a evasão, ou porque são assalariadas e têm desconto na folha, ou porque são consumidoras: a massa da população gasta o essencial com compras e paga os impostos incorporados ao preço. Por baixo, somando o serviço da dívida pública — cerca de 7% do PIB, como vimos — e a evasão, temos aqui um dreno da ordem de 13% do PIB, que fragiliza o Estado. Lembremos, para efeito de comparação, que o Bolsa Família representa cerca de 1,5% do PIB.

Outro recurso que deixa de entrar nos cofres do Estado resulta das renúncias fiscais. Segundo informe da Câmara dos Deputados, "as renúncias de impostos concedidos pela União a parcelas da sociedade devem chegar a 456 bilhões de reais em 2023, ou 4,29% do PIB. O total é um pouco superior ao que o governo gasta anualmente com o pagamento de pessoal".[47] Aqui também se trata de grupos que, como todos nós, utilizam recursos públicos (universidades públicas, ruas asfaltadas etc.), mas não pagam impostos. Não é propriamente vazamento,

46 Ver também Clemente, Lírio e Aransiola (2021).

47 "Renúncias fiscais chegarão a R$ 456 bilhões no ano que vem", *Agência Câmara de Notícias*, 29 set. 2022.

é dinheiro que deixa de entrar. Com uma carga tributária da ordem de 34%, nosso problema não é de falta de recursos, mas para onde são canalizados, e isso inclui o não pagamento de impostos devidos.

Alguns drenos são mais escandalosos que outros. Mas, de forma geral, as elites — como chamamos a colusão de bilionários nacionais com grandes corporações transnacionais — usam o Estado (que criticam) para se apoderar de seus recursos e facilitar a apropriação improdutiva dos recursos das famílias e das empresas. Até aqui temos, descontadas as variações anuais na composição: de 6% a 7% do PIB drenados pela dívida pública, 6% por evasão fiscal, mais de 4% por renúncias fiscais e cerca de 13% do PIB por juros extorsivos sobre o setor privado (10% do PIB sobre as famílias e 3% sobre as pessoas jurídicas). Ou seja, por dreno do que entrou, pela falta de entrada do que é devido e por agiotagem, o desequilíbrio é da ordem de 30% do PIB. Se estimarmos que 15% voltam de alguma maneira para a economia real, estaremos falando de um dreno líquido da ordem de 15% do PIB. Não à toa a economia tem enfrentado dificuldades para a retomada. Se o PIB não apresenta números ainda mais fracos é porque lucros financeiros — rentismo sem contribuição produtiva — e exportações de bens primários aparecem como "produção", apesar de constituírem drenos.

O absurdo tributário

Aos drenos baseados em juros, bem como em evasão e renúncias fiscais, é preciso acrescentar a política tributária. Na Europa, por exemplo, a tributação permite corrigir parcialmente os desequilíbrios: cobra-se mais dos que mais recebem, com política de tributação progressiva. A nossa tributação, ao contrário, é regressiva: cobra proporcionalmente mais dos mais pobres, agravando os mecanismos vistos acima. Para um país que tem a desigualdade como principal entrave ao desenvolvimento, isso é catastrófico e mostra o elevado grau de controle político das elites financeiras.

Desde 1995, lucros e dividendos distribuídos não pagam impostos no Brasil. Ou seja, os 290 bilionários que aparecem na *Forbes* de 2022 são isentos, com a justificativa de que as empresas que eles possuem já pagam impostos. Naturalmente, a capitalização da empresa e o enriquecimento de seus acionistas, como pessoas físicas, são coisas diferentes, mas o resultado é que os muito ricos simplesmente não são tributados. Eu, como professor universitário, pago 27,5%. A aprovação da isenção, em 1995, legalizou o não pagamento de impostos sobre lucros e dividendos. Como no caso da agiotagem, uma atividade categorizada como crime de evasão fiscal se torna legal, não porque respeite a lei, mas porque a modificou.

No caso do ITR, a obrigação continua vigente, mas o imposto simplesmente não é cobrado, resultado do peso político do agronegócio, tanto em sua moderna dimensão corporativa como na dos latifúndios tradicionais herdados do passado. Cabe aqui acrescentar a grilagem, totalmente ilegal, mas tolerada. A não cobrança do ITR favorece a posse improdutiva da terra, que visa ao enriquecimento patrimonial. Isso não é lucro sobre produção, e sim rentismo imobiliário, que reforça a gigantesca subutilização do solo agrícola. Não usam a terra e não deixam que seja usada: aguardam sua valorização passiva. Como vimos, o Brasil tem 351 milhões de hectares de estabelecimentos agrícolas, mas, somando a agricultura temporária e permanente, o uso efetivamente produtivo do solo é de somente 63 milhões de hectares (IBGE, 2022).[48]

O mesmo peso político (nacional e internacional) das grandes corporações permitiu que a produção para

48 O estudo de Brett Christophers (2020) e seu mais recente *Our Lives in Their Portfolios* [Nossas vidas no catálogo deles] (2023) ajudam muito na compreensão das novas formas de apropriação do excedente social por grupos improdutivos.

exportação não pague impostos. Trata-se da Lei Kandir, de 1996, que isenta de tributos a produção de bens primários e semielaborados destinados à exportação. Ou seja, a privatização da Vale, por exemplo, que a colocou nas mãos de acionistas nacionais e internacionais, fez com que o dreno de minérios, que constituem uma riqueza natural do país, passasse a gerar dividendos para rentistas privados, mas poucas receitas para o Estado. Em suas dimensões de mineração e agronegócio, as exportações primárias adquirem prioridade sobre a produção para o mercado interno. São atividades que geram poucos empregos e muitos desastres ambientais, e agravam a dependência dos interesses dos gigantes mundiais de intermediação de commodities. A reprimarização geral da economia que vivemos nos últimos anos, bem como a desindustrialização do país, está diretamente ligada a esse marco institucional.[49]

O caso do petróleo é particularmente instrutivo. O Brasil controla o ciclo completo do petróleo: tecnologia, extração, refino, distribuição, indústria petroquímica. Mas, antes de tudo, o petróleo está em território nacional, é uma riqueza da nação. Países sem petróleo

49 Sobre a reprimarização do país, ver Pochmann (2023).

são obrigados a pagar os preços internacionais. O Brasil, que controla o ciclo completo, não tem nenhuma razão para se submeter às variações dos preços internacionais, que resultam das escolhas políticas de um grupo restrito de corporações. Ao colocar o controle da empresa nas mãos de acionistas nacionais e internacionais, a privatização parcial da Petrobras equivale a uma desnacionalização. Os lucros que anteriormente financiavam reinvestimentos na empresa e políticas públicas em grande parte se transformaram em dividendos isentos de impostos. Trata-se de uma apropriação de bens públicos em nome da eficiência e da luta contra a corrupção. A população que passou a pagar o dobro pelo botijão de gás ou para encher o tanque do carro alimenta essencialmente acionistas de grupos financeiros.[50] E depois nos explicam que temos de manter a taxa Selic elevada, para nos proteger da inflação. Dreno sobre dreno.

50 Eduardo Fagnani lembra que a Petrobras, por exemplo, distribuiu ao todo mais de 217 bilhões de reais em dividendos aos acionistas em 2022. E seus acionistas não pagarão um centavo de tributo. Em 2021, tinham sido 73 bilhões — ou seja, o valor foi multiplicado por três em um ano; ver "Petrobras triplica os dividendos pagos a acionistas em 2022; governo fica com R$ 62 bilhões", *G1*, 4 nov. 2022.

Seria um desafio importante calcular quanto se perde com impostos não pagos, somando a isenção de lucros e dividendos distribuídos, as perdas resultantes da Lei Kandir, o ITR não recolhido e a elevação de preços de derivados do petróleo, que aumentam o custo de vida da população e os custos de produção das empresas — o custo da energia penetra inúmeros setores e generaliza as elevações de preços — sem a correspondente contribuição produtiva. Somando os drenos dos juros sobre a dívida pública, da evasão fiscal, da agiotagem bancária, das renúncias fiscais, da isenção de lucros e dividendos, da isenção de exportações primárias e o não pagamento do ITR, e mesmo considerando que uma parte dos ganhos financeiros volta para a economia real (os 10% a 15% mencionados acima), o fato é que o conjunto inviabiliza a economia do país. Hoje, apenas funcionam o setor de exportação primária e o mercado financeiro, cujos números mascaram a paralisia econômica.[51] Os 2,9% de

51 Só em 2002 os ganhos financeiros passaram a ser considerados "produtos" e não "custos" no sistema internacional de contabilidade. Assim, o que é um custo passou a ser incorporado no PIB como crescimento. É como contabilizar como produto os ganhos dos atravessadores comerciais da agricultura. A mudança nas contas é detalhada por Mariana

crescimento econômico que o Brasil conseguiu em 2023 resultam do imenso esforço do atual governo de redirecionar recursos para a base produtiva do país, com todos os limites do arcabouço fiscal.

Um dreno rentista

Os chamados "mercados" e a direita em geral clamam pelo equilíbrio fiscal, ou seja, limitar os "gastos" com educação, saúde, infraestruturas e semelhantes, na realidade investimentos nas pessoas e na economia real. Enquanto isso, produzem déficit ao drenar recursos do setor público, das famílias e das empresas produtivas, em proveito de lucros sobre exportações primárias e intermediação financeira, que chamam de "investimentos". Afirmar que a elite improdutiva extrai da economia real o equivalente a 15% do PIB é hoje uma conta conservadora. Lembremos que a fase distributiva do país, de 2003 a 2013 (a ofensiva do golpe começou em 2014), assegurou empregos, alimentação e um crescimento médio de 3,8% ao ano, apesar da crise mundial de 2008. O desafio que temos

---

Mazzucato (2018, p. 106 ss.). A financeirização é um processo global, apenas mais grotesco no Brasil.

pela frente é o de reorientar nossos recursos para a economia real a fim de aumentar o consumo das famílias, o investimento produtivo das empresas e a expansão das políticas sociais e infraestruturas por parte do setor público. Quem paga por isso? Basta reduzir moderadamente o dreno dos improdutivos.

Não se trata aqui apenas dos lucros exorbitantes do 1% de improdutivos. O rentismo beneficia sem dúvida a parcela de 1% ou 0,1% da população que detém o grosso das aplicações financeiras (que chamam de "investimentos"), mas também gera uma classe média alta que em outros tempos investiria em empresas efetivamente produtivas — em fabricantes de sapatos, de manteiga, de bicicletas. Como rende mais fazer aplicações financeiras, com risco zero e pouco trabalho, o capital migra para o rentismo improdutivo. A desindustrialização do país está diretamente ligada ao redirecionamento das poupanças para aplicações financeiras em vez de investimentos produtivos.

Com isso se cria uma camada social privilegiada que clama por juros altos e maiores rendimentos financeiros, formando uma ampla base política que trava as reformas necessárias: uma classe média alta rentista. Em outros tempos abririam empresas, gerariam produtos, empregos, lucros e impostos. Hoje são "investidores". Muitos políticos têm recursos em aplicações financeiras e são partes interessadas do sistema. Há uma rigidez política contra a modernização do país: os interesses do 1% nacional se associam aos grandes gestores internacionais de ativos financeiros e *traders* de commodities, a uma classe média alta que lucra com aplicações financeiras e a uma classe política no sentido amplo, que inclui a grande mídia.[52] Quanto ao apoio popular, é necessário acrescentar o uso político da religião pelas igrejas pentecostais e o forte poder de disseminação de ódio e polarização política das mídias sociais, ampliado de maneira radical pelas novas tecnologias.[53]

O quadro macroeconômico que aqui apresentamos vai muito além do tão falado "tripé" de superávit primário, câmbio flutuante e metas de inflação. Em termos gerais, ele resume o dreno financeiro que assola o país e gera paralisia econômica, tragédia social e dramas ambientais, mas também concentra no topo da pirâmi-

52 A Rede Globo, que exerceu uma função importante nos diferentes golpes de Estado no país e trava toda iniciativa de democratização econômica, é propriedade da família Marinho, que ostenta, como vimos, uma fortuna de 29 bilhões de reais (Ertel, 2022).

53 O capítulo 11 de Fisher (2023) aborda o caso do Brasil.

de social recursos suficientes para travar as mudanças institucionais necessárias. O fato é que a Constituição Cidadã de 1988 foi parcialmente desativada, não porque "não caiba no orçamento", mas por não se ajustar aos interesses das corporações nacionais e internacionais associadas. A macroeconomia que interessa ao país precisa adotar um "tripé" que funcione: renda básica, políticas sociais e garantia de emprego.

Não é jogo de palavras. Mais renda na base da sociedade cria demanda, e as empresas passam a ter consumidores a quem vender. Isso por sua vez gera mais produção e mais empregos. O crescimento do consumo e da atividade empresarial rende mais recursos para o governo, cobrindo o déficit sem apertar o cinto dos pobres para "reduzir gastos", mas dinamizando a economia para aumentar as entradas. Isso permite que o governo expanda o ciclo com mais políticas sociais e ambientais e melhore as infraestruturas. Assim, os bancos podem ganhar mais dinheiro, com juros mais baixos e volumes maiores. É o círculo virtuoso. Não há mistérios quanto ao que fazer, mas o financiamento produtivo envolve a redução radical do dreno dos improdutivos.[54] As empresas lucrarão se investirem seus recur-

54 Para pormenores das propostas de reorientação da economia para a inclusão produtiva, ver Dowbor (2022c).

sos de forma útil para a sociedade. Lembrando uma vez mais: esses recursos, tanto os dos impostos que pagamos quanto os depósitos nos bancos, são nossos. Os recursos naturais também. Não basta que seu uso seja legal, ele precisa ser legítimo.

Este terceiro capítulo visou aproximar números que costumam ser apresentados separadamente, com fontes dispersas, mas que se referem a uma dinâmica comum: o fluxo financeiro integrado. Em outras palavras, de onde vem e para onde vai o dinheiro. A diversidade das fontes representa aqui uma fragilidade, porque envolve metodologias diversificadas, mas as ordens de grandeza são impressionantes. A análise deveria ser estendida: por exemplo, poderiam ser estimadas as perdas causadas pela isenção de imposto sobre lucros e dividendos distribuídos, tomando como referência a média cobrada nos países da OCDE. Caso semelhante ao do não recolhimento do ITR, que deveria ser estimado através do confronto de alíquotas e da medição da imensidão de terras paradas ou subutilizadas. A Lei Kandir gera perdas que deveriam ser quantificadas. Os desvios para paraísos fiscais, canalizados por nossos grandes bancos, poderiam ser avaliados.[55] Os custos de utilizar o dólar, e não as moedas dos países parceiros no comércio internacional, deveriam igualmente entrar no cálculo através da metodologia de avaliação do fluxo financeiro integrado.

De certa forma, trata-se de acoplar novas formas de avaliação às contas nacionais tradicionais a fim de acompanhar os fluxos, que resulta do fato de que hoje a moeda constitui essencialmente uma notação virtual nos computadores, no quadro do *high-frequency trading*, sem que os mecanismos de regulação tenham sido atualizados. De todo modo, o volume de desvios evidenciado pela soma dos diferentes drenos já comprova uma deformação sistêmica da arquitetura financeira do país, que

55 Os números disponíveis sobre o dinheiro brasileiro em paraísos fiscais datam do estudo do Tax Justice Now (TJN): em 2011, a estimativa era de 520 bilhões de dólares, equivalentes a cerca de 28% do PIB da época (Henry, 2012, p. 23). É um estoque, não um fluxo anual. Campos Neto e Paulo Guedes investem nesses paraísos ao lado de várias fortunas brasileiras, que poderiam ser usadas para dinamizar a economia, mas apenas drenam. O BTG Pactual tem dezenas de filiais em paraísos fiscais, assim como outros bancos: são os canais dos drenos. Malleson (2023) insiste com razão que não basta controlar os que evadem o fisco, é preciso regular os bancos que facilitam a evasão. É um sistema, um modo de produção rentista, mas que gosta de se qualificar de capitalista e se autodenominar "mercados".

se tornou disfuncional. Estamos diante de um modo de produção, no sentido de organização sistêmica, como foi o feudalismo. Não à toa, muitos autores se referem à "aristocracia financeira". Grande parte das fortunas atuais são hereditárias.

Para pessoas pouco familiarizadas com os mecanismos financeiros que se expandiram nos últimos anos, imagino que fique a dúvida: será realmente tão simples assim? Estão se apropriando dos recursos da sociedade através da manipulação da taxa Selic, da agiotagem no sistema privado de crédito e de evasão fiscal, além da deformação do sistema tributário? A verdade é que o dreno financeiro está fora de controle. E é igualmente verdadeiro que esse sistema seja simplesmente imoral. Mas é difícil fazer uma pessoa entender algo quando os seus interesses consistem em não entendê-lo. É um empréstimo de legitimidade chamar de "capitalismo" essa forma de apropriação improdutiva de riqueza por parte de corporações que mais drenam do que produzem e se qualificam de "mercados". No mínimo, é apropriação indébita. O fato de deformações desse porte serem possíveis mostra a dimensão de nosso desafio político.

4 Novos enfrentamentos

> *Todo o conhecimento do mundo, as melhores práticas, precedentes e poderes de computação estarão disponíveis, ajustados a você, às suas circunstâncias e necessidades específicas, instantaneamente e sem esforço. É um salto em potencial cognitivo pelo menos tão grande quanto foi a introdução da internet.*
>
> — Mustafa Suleyman e Michael Bhaskar, *A próxima onda* (2023)

Nossos grandes desafios são a desigualdade explosiva e a catástrofe ambiental, ambas alimentadas pela apropriação descontrolada de riqueza através dos sistemas financeiros e do dinheiro imaterial, bem como das novas formas de controle do conhecimento e da informação por meio das plataformas globais.

O poder econômico do 1% se transformou em poder político global. O que chamamos de luta de classes — que consistia essencialmente em assegurar aos trabalhadores uma fatia maior do produto social — se desloca. Por um lado, a globalização e a fragmentação dos espaços produtivos fragilizaram a luta por salários, e, por outro, o que produzimos destoa cada vez mais do necessário para uma sociedade sustentável.

Nesse sentido, o leque de enfrentamentos se amplia e, à medida que os dramas sociais e a catástrofe ambiental se avolumam, abrem-se novas frentes de luta. Quantos desastres serão necessários para acordar as pessoas, para que possamos desenvolver uma economia que cumpra a função de promover o bem-estar da população e a sustentabilidade ambiental? Em vez de ostentar os bilhões que extraem de todos nós, os *hightech assholes* [babacas da alta tecnologia] que nos comandam, entre os quais Elon Musk é o maior expoente, deveriam mostrar qual foi a sua contribuição.

Resgatar o bom senso na economia é cada vez mais uma questão vital. Ou seja, os nossos esforços produtivos precisam assegurar a racionalidade sistêmica, além de nossa sobrevivência individual. Quanto sofrimento dos mais pobres, quantas revoltas e indignações serão necessários para gerar as condições políticas da mudança?

O padecimento individual de bilhões de pessoas, vítimas do desastre social e ambiental, não representa força política frente às minorias organizadas em torno de interesses que rendem imensas fortunas. Tornamo-nos sistemicamente disfuncionais. Não apenas produzimos um desastre que se aprofunda, como somos impotentes para reverter o processo.

O desastre climático tem se evidenciando em toda parte, mas continuamos a transferir trilhões de dólares para subvencionar a extração de combustíveis fósseis. As corporações estão conscientes dos dramas que criam, tanto assim que todas repetem sem cessar a sua adesão ao ESG e, portanto, à responsabilidade social, ambiental e de governança. É a versão atualizada do *greenwashing*.

O desafio, portanto, não é só documentar os desastres, mas também pensar em formas de inverter a própria lógica do sistema. A prioridade do enriquecimento financeiro e a maximização de dividendos de curto prazo para os *shareholders* continuam a dominar o conjunto do processo decisório. Remamos todos em direção às cataratas, sabendo o que fazemos, mas cada um tenta remar da maneira mais eficiente possível, para ganhar reconhecimento imediato.

Qualifico isso de impotência institucional. Continuo a comprar produtos cheios de plástico no supermercado porque não tenho alternativa, e o próprio supermercado também não tem, porque é assim que os produtos chegam até lá. Todos sabemos e reconhecemos essa irracionalidade, mas seguimos no mesmo caminho. Eu continuo a me deslocar no meu próprio carro, hoje andando em primeira e segunda marchas na capital paulista, porque o transporte coletivo é precário. São Paulo, uma cidade rica, se paralisa por excesso de meios individuais e insuficiência de transporte público.

As mudanças necessárias são sistêmicas, mas não temos a capacidade de decisão correspondente. Todos os 193 países membros da ONU assinaram sua adesão aos Objetivos de Desenvolvimento Sustentável (ODS). Sabemos o que deve ser feito, porém as coisas não acontecem. Temos todas as tecnologias e os recursos financeiros para assegurar uma vida digna e confortável para todos, e de forma sustentável, mas aguardamos a próxima Conferência das Partes (COP) da Convenção-Quadro das Nações Unidas sobre Mudança do Clima para ver se avançamos.

No sistema feudal, à luta pela libertação das massas camponesas, por exemplo, na Rússia do século XIX, correspondia o acesso à propriedade da terra. No capitalismo industrial analisado por Marx e tantos outros, a luta era pelo acesso à propriedade dos meios de produção dominantes, as fábricas. Na sociedade da era digital, trata-se de uma mudança no controle das principais formas de apropriação dos recursos da sociedade: o conhecimento, os meios de comunicação, o dinheiro virtual e a própria informação privada das pessoas.

Como nos apropriamos da economia imaterial? As mesmas tecnologias que drenam a economia e travam o desenvolvimento podem ter seu "sinal" invertido e passar a servir ao bem-estar da população e ao crescimento econômico. Mas o mundo não vai parar de repente para começar a funcionar de outra maneira: é preciso explorar todas as formas de mudança, por mais graduais que sejam, para redirecionar o conjunto. Os enfrentamentos são mais complexos.

No livro *Resgatar a função social da economia* (2022), sistematizei um conjunto de propostas em torno de quatro eixos: a inclusão produtiva, o seu financiamento, as novas formas de gestão em rede e a ampliação da base política. É uma proposta de política econômica aplicada, pormenorizada em quinze itens. O que aqui apresento é uma visão mais ampla dos desafios, que se deslocam devido à própria transformação do sistema que enfrentamos. A questão da soberania, por exemplo, passou a ser essencial conforme as principais formas de exploração se globalizaram. De certa forma, são condições básicas para viabilizar as políticas econômicas.

A soberania frente à exploração global

A busca da soberania desempenha um papel-chave. Grande parte da exploração hoje se dá em nível global. O dinheiro imaterial não tem fronteiras: percorre o planeta e permite os graus de exploração que já mencionamos. Isso torna em grande parte impotentes os governos e os bancos centrais, uma vez que os algoritmos transferem automaticamente para regiões mais confortáveis as fortunas ameaçadas de... pagar impostos, que cada um de nós, mortais, paga.

Nem sequer temos informações adequadas sobre os fluxos financeiros nas dezenas de paraísos fiscais. A taxação desses fluxos é um combate antigo, desde a Associação pela Tributação das Transações Financeiras para Ajuda aos Cidadãos (Attac), fundada em 1998. Hoje países já são signatários do acordo Base Erosion and Profit Shifting [Erosão de base e transferência de lucros] (Beps) e de propostas de taxação de bilionários em discussão no G20.

As políticas estadunidenses representam um desafio especial. As *equity firms* [empresas de participações], por exemplo, gestoras de fundos financeiros, exercem um papel relevante: "Os Estados Unidos dominam amplamente a paisagem de fundos privados (*private equity landscape*). Se fôssemos elencar os dez maiores fundos pela mesma métrica (capital levantado nos últimos cinco anos), oito deles seriam de empresas estadunidenses" (Lu, 2024).

A dominância do dólar, que permite aos Estados Unidos emitir dinheiro (*quantitative easing*) sem gerar inflação, pelo fato de sua moeda ser utilizada em outros países — e para financiar mais de setecentas bases militares mundo afora —, é uma das deformações sistêmicas do poder de decisão mundial. As GAFAM, que apresentamos anteriormente, são estadunidenses.

Semelhante peso têm as gigantes de intermediação de commodities, as ABCD (Archer Daniels Midland, Bunge, Cargill e Dreyfuss), que reforçam a dependência dos países do Sul global da extração de recursos naturais, levando ao absurdo de um país como o Brasil, que produz e exporta tanto alimento, ter uma massa de pessoas sofrendo com níveis preocupantes de insegurança alimentar e nutricional. Essa deformação — um retorno à troca desigual e ao imperialismo de outros tempos, mas com um nível tecnológico radicalmente diferente — permite ampliar a escala global da exploração por meio de computadores instalados, por exemplo, em Genebra. A priorização das necessidades mais prementes da população é parte essencial do resgate da soberania econômica.

O endividamento externo de muitos países os torna impotentes frente às imposições do Norte global. As nações pobres reforçam a exportação de seus recursos naturais e se reprimarizam para pagar juros sobre créditos emitidos essencialmente no Norte global, os 15%.[56] O dreno que gera o sistema de patentes, copyrights, royalties de diversos tipos também trava a capacidade de desenvolvimento do Sul global.[57] E as narrativas que tudo justificam também são controladas pelas plataformas globais, essencialmente estadunidenses.[58] A fratura Norte-Sul atinge níveis insustentáveis.

56 "O serviço da dívida absorve 41,5% das entradas do orçamento, 416% dos gastos e 8,4% do PIB na média de 144 países em desenvolvimento" (Elliott, 2024). Ver os dados completos do relatório sobre a crise da dívida externa dos países em desenvolvimento, qualificada como catastrófica, em Martin e Waddock (2024).

57 É muito significativo que a China tenha investido com tanta força na soberania tecnológica. Nas palavras de Xi Jinping, em 2022, "para atingir necessidades estratégicas, o país precisa aderir à ciência e tecnologia como a força produtiva número um, ao talento como o recurso número um, e à inovação como a força dinamizadora número um" (Jinping *apud* Suleyman & Bhaskar, 2023, p. 121).

58 "Os Estados Unidos efetivamente destruíram o sistema de comércio internacional baseado em regras [...]. Também

A compreensão das formas atuais da globalização, inclusive do controle estadunidense dos sistemas globais de comunicação e finanças, exige o redimensionamento das políticas externas, o reforço dos Brics (Brasil, Rússia, Índia, China e África do Sul), a adoção de moedas nacionais nas transações entre os países do Sul, a batalha pela taxação das transações internacionais e pelo fim dos paraísos fiscais, a adoção de sistemas internos e públicos de comunicação e assim por diante.

Logo no início de seu terceiro mandato, em 2023, Lula buscou acordos internacionais, suscitando reclamações de que negligenciava a política interna. Mas ele refletia uma compreensão realista da importância do resgate da soberania e de como a aproximação com outros países do Sul depende disso.

A política externa se torna uma dimensão essencial para equacionar os equilíbrios internos. No mundo globalizado, nenhum país é uma ilha. Os gigantes corporativos navegam confortavelmente no espaço global, inclusive por estarem em grande medida acima das leis. As insti-

---

restringiram durante décadas a capacidade dos países em desenvolvimento de subir na cadeia de valor e produzir produtos mais avançados" (Stiglitz, 2024, p. 253).

tuições e a defesa do interesse público continuam fragmentadas em espaços nacionais diversificados.

Atualmente, softwares de IA permitem que as corporações identifiquem os países com fragilidades jurídicas segundo o tipo de operação que desejam desenvolver. A desresponsabilização das corporações se generalizou. É uma frente internacional de luta política e diplomática.

Resgatar o controle do dinheiro

Nas últimas décadas, a participação dos salários no PIB tem diminuído anualmente em diversas partes do mundo, em particular nos Estados Unidos. A luta pela recomposição de salários dignos é essencial. Mas, além dos embates salariais nas empresas, o que está em discussão é o resgate mais amplo do direito da sociedade à riqueza que resulta de seus esforços.

Vimos anteriormente como os grandes intermediários financeiros se apropriam do excedente social, e como muitos aumentos salariais levam as famílias endividadas a simplesmente repassar seu dinheiro aos bancos sob a forma de juros. Ou seja, a batalha pela justiça econômica presume um amplo leque de enfrentamentos, que envolve tanto os movimentos sociais como os sindicatos e os partidos políticos.

O baixo salário pago por uma empresa é imediatamente compreensível por seus empregados, o que permite reações articuladas. O sistema mais amplo, isto é, o fluxo financeiro integrado que aqui apresentamos, exige que os mecanismos modernos digitais de exploração sejam entendidos por muito mais pessoas a fim de que se transformem em força política. O dinheiro imaterial permite formas de exploração incomparavelmente mais sofisticadas e de difícil compreensão, mas o resultado básico continua o mesmo: enriquecer quem não produz por meio de tecnologias modernas, algoritmos e inteligência artificial.

A remuneração dos executivos das grandes empresas constitui uma importante frente de luta. Há poucas décadas, os executivos recebiam cerca de trinta vezes o salário médio pago por suas companhias; hoje a relação é de 350 vezes. No setor da intermediação comercial, um bom exemplo é a Target, grande corporação britânica: "Em 2022, o CEO da Target recebeu 17,6 milhões de dólares de remuneração total, 680 vezes mais do que o trabalhador médio da Target, e mais que o dobro da média das corporações S&P 500. A companhia apresentou lucros de 5,7 bilhões de dólares em 2023" (Sainato, 2024).

Esses lucros são transformados em dividendos para acionistas (*absentee owners*) por meio dos sistemas globais de dreno que mencionamos. Como comparação, o leque salarial da federação de cooperativas Mondragon, um gigante econômico da Espanha, é de um para seis. No Oregon, Estados Unidos, empresas cujo leque salarial ultrapassa um para vinte são proibidas de fazer contratos com o governo estadual. O bom-senso é possível.

Ações importantes dessa frente de luta são explicitar e popularizar a compreensão dos números dessa exploração absolutamente escandalosa, citando, por exemplo, a batalha da Petrobras. O dinheiro imaterial e os algoritmos modernos permitem uma escala de exploração radicalmente mais elevada e simplesmente acintosa, mas ao mesmo tempo menos visível.

O processo de apropriação indébita é simples. O petróleo pertence ao subsolo do país, é patrimônio nacional. O lucro gerado pela Petrobras pode servir para melhorar a remuneração dos trabalhadores, reinvestir na empresa para expandir sua capacidade, pagar impostos que permitem ao Estado financiar políticas públicas, infraestrutura, ciência e tecnologia, e para remunerar os acionistas privados. Cabe à empresa, em cada exercício, decidir as proporções de recursos para cada um desses destinos. O ponto referente aos dividendos é crítico, pois se trata de um dreno líquido.

Quando inventaram a "paridade de preços internacionais", elevando radicalmente o preço do botijão de gás e do combustível na bomba, e reorientaram a Petrobras no sentido de maximizar a remuneração dos acionistas, o aumento do preço pago pela população agravou a drenagem do bolso de todos nós, para privilégio do 1% mais rico, isto é, os acionistas nacionais e internacionais, além de produzir inflação. Casos semelhantes são os da Eletrobras, da Vale e de tantas empresas privatizadas. Não é um tema complexo, e a ampliação da compreensão do mecanismo pode gerar uma base política mais robusta. O caso da privatização da Companhia de Saneamento Básico do Estado de São Paulo (Sabesp) constitui um exemplo particularmente absurdo.

É fundamental o papel da difusão de informações por parte das universidades e da mídia independente. A mídia comercial vive da publicidade das corporações; fornece justificativas, não informação. O escândalo dos juros, agiotagem cujo mecanismo descrevemos no capítulo 3, deve ser explicitado, pois é tão importante quanto a questão salarial — ou até mais. Nosso dinheiro não está mais no nosso bolso, está nos bancos, que ditam as regras. Como já dissemos, se gasto cem reais numa compra e pago com cartão na modalidade crédito, o banco se apropria de 5% do valor, com custos quase nulos. Nosso dinheiro evapora inclusive "por aproximação".

Denunciar e enfrentar essa apropriação indébita integra os eixos de uma luta política, sobretudo porque no Brasil o sistema destoa das práticas no resto do mundo. Multiplicam-se as iniciativas de bancos comunitários de desenvolvimento — hoje cerca de 170 no país —, que permitem acesso ao dinheiro, que é nosso, com juros decentes. Internacionalmente chamadas de "finanças de proximidade", permitem que as comunidades se articulem para sua própria dinamização econômica. As caixas de poupança locais (*Sparkassen*) na Alemanha constituem um exemplo de boa gestão financeira, como o são, em escala incomparavelmente maior, o sistema de financiamento local da China e as cooperativas de crédito na Polônia.

A conectividade em rede e o dinheiro imaterial permitem uma gestão descentralizada e a adequação do uso dos recursos às necessidades diferenciadas de cada município. Para defender o oligopólio dos grandes bancos, até hoje o Banco Central do Brasil proíbe o recebimento de depósitos pelos bancos comunitários. A batalha pela gestão adequada do dinheiro é fundamental — lembrando que o dinheiro que está nos bancos é nosso, dos nossos depósitos. O que é criado por alavancagem deve responder às necessidades da sociedade. Da mesma forma, também é nosso o dinheiro dos impostos, desviado para o pagamento de juros sobre a dívida pública.

Utilizar os bancos públicos, em particular a Caixa Econômica Federal e o Banco do Brasil, para introduzir mecanismos de mercado no oligopólio privado, oferecendo crédito com juros compatíveis com o que se pratica no resto do mundo, é outra frente de luta relevante. Mas é bom lembrar que, em 2013, a redução dos juros nos bancos públicos, que levou muita gente a abandonar os bancos privados, estimulou as elites financeiras a provocarem o golpe.

O rentismo generalizado tem vigor econômico, força na mídia comercial e no Congresso e articulação internacional. Trata-se de um enfrentamento muito amplo, mas o fato de a agiotagem ter atingido níveis escandalosos, enriquecendo grupos improdutivos, representa também uma grande fragilidade: é um sistema sem a legitimidade do capitalismo industrial. Em vez de se envergonharem, os setenta milhões de adultos inadimplentes no Brasil precisam se indignar. Eles não "devem"; são os autores da agiotagem que precisam prestar contas.

O desnudamento dos "mercados", que sugerem que qualquer reorientação os levaria a deixar o país, constitui uma guerra política em que a "mobilização" popular precisa de um lastro de informação e compreensão sobre como as pessoas vêm sendo achacadas. Uma população desinformada sobre as causas e os mecanismos de seus dramas econômicos adere a simplificações demagógicas. E os dramas sociais na base da sociedade facilitam a emergência do populismo de extrema direita.

O essencial é que o dinheiro de nossos impostos e nossos depósitos nos bancos representam recursos que são na verdade nossos, da sociedade como um todo. Precisam ter uma função social, em particular quando enfrentamos desastres sociais e ambientais da atual dimensão.

Nunca é demasiado repetir: somando o que produzimos anualmente, equivalente a 4,2 mil dólares por família de quatro pessoas, o imenso estoque de infraestruturas já construídas no planeta e a riqueza de conhecimentos científicos e tecnológicos que possuímos, não há razão econômica para tanta pobreza e desigualdade e tantos desastres ambientais. O rentismo que nos controla é sistemicamente incompetente. Enfrentar a aristocracia financeira descolada das necessidades efetivas do desenvolvimento equilibrado e sustentável constitui o maior desafio.

Resgatar a liberdade de acesso ao conhecimento e à informação

Como vimos, o conhecimento é uma construção social e, nesse sentido, um bem público. Patentes e outros direitos foram instituídos para reforçar sua expansão, mas terminaram se transformando em feudos. Por outro lado, sendo hoje imaterial e disponível em meios magnéticos, o conhecimento pode ser difundido em todo o planeta sem custos adicionais. Ou seja, o principal fator de produção da sociedade hoje é capaz de se transformar em dinamização produtiva, enriquecimento cultural e artístico e construção colaborativa em escala planetária.

A Big Pharma utiliza o sistema de *evergreening*, isto é, muda detalhes de determinado produto para obter mais vinte anos de direitos exclusivos sobre ele. Esse é apenas um exemplo. Um número crescente de pesquisadores tem disponibilizado suas criações gratuitamente on-line, obtendo mais acessos e aproveitando os conhecimentos recebidos de outros. Tratamos detalhadamente desse tema no capítulo 2. Um dos eixos principais de nossa luta é nos libertarmos do parasitismo científico e tecnológico, bem como dos numerosos entraves burocráticos. A Wikipédia constitui uma ferramenta de imensa utilidade mundial e inspira a necessidade de avançarmos na universalização do acesso público e gratuito ao conhecimento, seguindo também os exemplos apresentados por Tapscott e Williams (2007).

A dimensão da fratura tecnológica entre o Norte global e o Sul global é impressionante. No entanto, o mundo em desenvolvimento necessita vitalmente do acesso aberto para reduzir a desigualdade, tanto no plano internacional como internamente. O conhecimento existe, pode ser generalizado sem custos adicionais, enquanto enfrentamos necessidades dramáticas. O que estamos esperando?

Voltamos ao argumento básico: é imensa a desproporção entre a renta das corporações que travam o acesso ao conhecimento e o seu potencial efeito multiplicador para a sociedade em geral. A Organização Mundial do Comércio foi criada sobretudo para manter o controle das tecnologias no restrito clube dos países ricos. Ha-Joon Chang (2002), como vimos, evidencia esse processo. O copyright de setenta anos após a morte do autor é absurdo, estimulando criatividade apenas no túmulo.

Lawrence Lessig (2001), Charlotte Hess e Elinor Ostrom (2007) e outros autores que abordamos trazem propostas práticas, como reduzir o copyright para cinco anos, prazo em que se esgota a quase totalidade dos retornos sobre as publicações. Jimmy Wales, da Wikipédia, abriu o caminho que precisamos ampliar.

Os mesmos mecanismos que expandiram a duração de patentes e copyrights podem ser usados para reduzi-la gradualmente, resgatando os mecanismos de mercado e estimulando a criatividade.

Os fluxos de informação são hoje controlados em grande parte pela mídia comercial, com oligopólios absurdos como o da família Murdoch, mas sobretudo pela articulação dessa mídia com as corporações que financiam a publicidade. A alegada separação entre a área comercial e os conteúdos informativos constitui uma ficção. Para constatar isso, basta acompanhar a leitura, os enfoques e a deformação da realidade em função dos interesses corporativos.

Em escala ainda mais ampla, as mídias sociais buscam maximizar o engajamento através de algoritmos, o que estimula a propagação de ódio e violência, capturando a atenção e aumentando os lucros com publicidade. O debate que temos pela frente precisa assegurar o controle dessa indústria da atenção: trata-se de nosso tempo de vida e de nossa consciência. Importantes iniciativas de regulação já surgiram, em particular na Europa, mas também no Brasil. No entanto, aqui há uma grande distância entre fazer uma lei e conseguir que ela seja aplicada.

O resgate da informação é vital para os processos democráticos de decisão. Mustafa Suleyman, que trabalhou no

Google e em outras grandes corporações de tecnologia, afirma: "Acredito que desenhar formas de reconciliar o lucro e o objetivo social em estruturas organizacionais híbridas é a melhor forma de enfrentar os desafios que temos pela frente, mas fazê-las funcionar na prática será incrivelmente difícil" (Suleyman & Bhaskar, 2023, p. 255). Stiglitz é mais direto: "Estamos atolados no pesadelo da propaganda murdoquiana [de Rupert Murdoch] e, pior, na mídia social controlada por Musk e Zuckerberg, que permite a viralização de qualquer coisa que eles desejem" (Stiglitz, 2024, p. 287). Max Fisher (2023) também traz excelentes exemplos oriundos de diversas partes do mundo, inclusive do Brasil.

No Brasil, é vital a batalha pela inclusão digital, contra os imensos atrasos apontados pelos estudos do Comitê Gestor da Internet. Uma pessoa sem "acesso" está excluída de serviços essenciais, como se, em outros tempos, fosse analfabeta. São impressionantes a quantidade e a qualidade dos núcleos de mídia independente, dos jornalistas e das universidades de primeira linha que criam e expandem informação honesta e de forma colaborativa.

A batalha pela educação pública, gratuita e de acesso universal também é essencial, no sentido de que a densidade do conhecimento disponível na sociedade, e não sua apropriação pelas elites, tem efeitos multiplicadores em todos os setores de atividade.

A revolução digital gerou a base para a democratização generalizada do conhecimento, que hoje banha o planeta sob a forma de sinais magnéticos. É uma imensa oportunidade subutilizada. A universidade pode ser muito mais que uma escadinha para avanços sociais individuais através do diploma: um vetor de elevação do nível científico-tecnológico geral. Cada professor pode ter um blog científico, com reapropriação produtiva das mídias digitais.

Na minha visão, as novas tecnologias, em suas diversas dimensões, foram inicialmente apropriadas pelas corporações e pelos países ricos, criando oligopólios e formas centralizadas de comunicação e gerando controle da informação e intermediação financeira com o dinheiro imaterial. A gradual inclusão digital do planeta, no entanto, fez com que os mais variados atores sociais se dessem conta de que as mesmas tecnologias podem ser apoderadas pela base da sociedade, através de mídias independentes, educação conectada e trabalho em redes colaborativas, bancos comunitários, políticas de gestão local em rede e assim por diante.

Era natural que os mais ricos e poderosos se apropriassem dessas tecnologias e que agora tentem impedir o acesso aberto sob os mais variados pretextos. As mesmas tecnologias que geraram as fortunas no topo e as "bolhas" desinformadas na base podem ter o seu sinal político invertido. Como vimos, é absurdo que um oligopólio estadunidense controle o fluxo mundial de comunicação social, gerando imensas fortunas, manipulação ideológica, marketing comportamental e informações para o sistema militar de escala planetária dos Estados Unidos.

Repetindo: as ondas eletromagnéticas pertencem à natureza, as tecnologias foram desenvolvidas essencialmente com recursos públicos, o universo de conhecimento gerado pela sociedade é uma construção social de longo prazo, as informações privadas dos nossos comportamentos são precisamente privadas — mas tudo isso é apropriado por um oligopólio que não presta contas a ninguém. É um despropósito político ficarmos nas mãos de um grupo de manipuladores, além de uma gigantesca perda de potencial. O aproveitamento generalizado das imensas oportunidades da revolução digital é vital para abrir e universalizar o acesso como bem público e gratuito.

Não pagamos para andar na rua, que é de acesso público, gratuito e universal. Essa gratuidade permite a instalação de farmácias e padarias; essas sim podem ser privadas e lucrativas. Da mesma forma, a generalização e a publicização do acesso multiplicará as iniciativas privadas. Entrementes, hoje as fortunas se acumulam através de restrições e deformações do próprio acesso. Precisamos de um pacto digital global que restabeleça o equilíbrio e libere o imenso potencial de uma sociedade inclusiva. Podemos desde já multiplicar as plataformas colaborativas locais e nacionais, públicas e gratuitas, com uma democracia mais descentralizada e participativa.

Enraizar a democracia nos governos locais

Entre a profunda revolução tecnológica que se espraia no planeta e a arquitetura institucional herdada do século passado, centrada em bens e serviços materiais, abriu-se um hiato de governança. A fragilização desse sistema desgovernado nos leva aos dramas que constatamos a cada passo, como desinformação descontrolada, desigualdade explosiva, catástrofes ambientais e um caos crescente de violência por toda parte.

Nesse sentido, a crise se manifesta não apenas nos resultados — desigualdade, crises ambientais, violência — mas essencialmente em nossa perda de capacidade de tomar as medidas necessárias para resolver os problemas, ou seja, na perda de governança. Chamo isso de impotência institucional. Todos sabemos que é necessário mudar os rumos, reorientar nossas capacidades de trabalho, tecnologias e recursos financeiros para resolver os problemas estruturais, mas continuamos a aprofundar os problemas.

Entre a Conferência do Clima de Paris, em 2015, que mostrou os caminhos para reduzir os impactos climáticos, e 2023, os bancos repassaram sete trilhões de dólares para subvencionar a indústria de combustíveis fósseis. A própria revolução digital gera imensa demanda de energia (Gayle, 2024).[59] Ambos os setores, energético e digital, estão nas mãos de gigantes corporativos que atuam no espaço global e se articulam precisamente com o sistema financeiro.

Os interesses de Amazon, Koch Industries e JPMorganChase são convergentes e se tornaram forças políticas globais. Vimos reiteradamente que o que falta não é tecnologia, muito menos recursos financeiros. As sucessivas transformações tecnológicas elevaram radicalmente nossa possibilidade de assegurar bem-estar para todos, de forma ambientalmente sustentável, mas seguimos

59 Para a convergência dos investimentos em energia e a expansão da capacidade digital, ver Galloway (2024).

o caminho inverso, do aprofundamento das catástrofes sociais e ambientais.

O principal desafio que enfrentamos é o de assegurar a alocação racional dos nossos recursos. Não se trata de proclamar a adesão ao ESG, mas de efetivamente reorientar o desenvolvimento para o bem comum e o longo prazo. A Amazon dá exemplos impressionantes de como tecnologias de ponta podem conviver com relações trabalhistas pré-históricas. É legítima a luta de seus trabalhadores por melhores salários e condições de trabalho, inclusive com o resgate da função dos sindicatos. Mas os territórios onde vivem as pessoas — os municípios, as cidades — podem igualmente se tornar espaços renovados de luta por condições de vida sustentáveis.

Na virada do século, o planeta se tornou predominantemente urbano. No Brasil, 87% da população vive em cidades. Essas cidades, mesmo pequenas, estão on-line, conectadas na rede. Ou seja, localidades que décadas atrás eram "do interior" agora se articulam com o resto do mundo.

De certa forma, o impacto organizador dos trabalhadores que constituíram as grandes empresas e fábricas, hoje fragilizado, pode ser crescentemente complementado pela organização comunitária ali onde as pessoas vivem e enfrentam as dimensões concretas da vida, a fim de criar escolas adequadas para os filhos e sistemas de saúde, segurança, transporte, lazer e cultura. O espaço local, tão estudado por E. F. Schumacher e Robert Putnam, entre muitos outros pesquisadores, constitui uma poderosa ferramenta de resgate do controle e da governança do sistema a partir da base territorial (Dowbor & Pochmann, 2010).

É importante entender a que ponto a generalização das redes energéticas e as correspondentes redes digitais transformaram o conceito de território, já que a economia imaterial se torna cada vez mais independente da localização das pessoas. A própria divisão entre cidade e campo, entre população rural e urbana, se modifica quando as pessoas se conectam através da inclusão digital. Isso impacta de maneira profunda não apenas nossos modos de trabalhar, mas os próprios conceitos de gestão pública e organização do território.

A China tem um governo central politicamente forte, mas a gestão do cotidiano das políticas econômicas, sociais e ambientais é rigorosamente descentralizada, o que permite que os recursos, tanto públicos como privados, sejam utilizados segundo as prioridades diferenciadas de cada localidade. De certa forma, a impressionante produtividade da economia chinesa e dos países nórdicos que descentralizaram a gestão resulta do fato de que a democracia política e a democracia econômica se reencontram desse modo. Os ganhos de eficiência sistêmica são impressionantes. Como escreveu Schumacher, *small is beautiful* [o pequeno é bonito].

O essencial é que há um imenso espaço de resgate da utilidade das iniciativas econômicas públicas e privadas, através da reapropriação das iniciativas nos lugares onde as pessoas moram e suas necessidades se manifestam. John Friedman chama isso de *empowerment*, empoderamento. Podemos falar em protagonismo das cidades, das vizinhanças, das comunidades.

Não há muito mistério nessa reorientação quando se constata que a Suécia repassa diretamente para a gestão descentralizada cerca de 70% dos recursos públicos, e o Brasil apenas 15%. Kroeber (2016) afirma que a China é mais descentralizada que a Suécia, e Keyu Jin (2023) caracteriza a economia chinesa como *mayor economy*, uma economia de prefeitos. No Brasil, o prefeito precisa viajar a Brasília para conseguir uma fatia de emenda parlamentar, negociando reciprocidades. Não funcionam nem o nível local nem o central.

Liberar o governo central do cotidiano das decisões diversificadas de 5.570 municípios permitirá que ele se concentre nos grandes dilemas nacionais. Mais que um problema político, trata-se de racionalidade administrativa elementar, *management*. Um país não funciona se os territórios que o constituem também não funcionam. Centralização e burocratização caminham de mãos dadas.

Um elemento-chave é o protagonismo local voltado para o desenvolvimento, capaz de dinamizar as organizações da sociedade civil, os sindicatos, os empresários e a administração pública local em parcerias essenciais — por exemplo, para reduzir a contaminação dos rios, racionalizar os transportes, rearborizar as ruas e outras iniciativas que gerem emprego, dinamizem a economia e protejam o meio ambiente. A descentralização é politicamente estruturante.

Na Europa, assim como na China, toda cidade tem um cinturão hortifrutigranjeiro que assegura trabalho e alimentos frescos, estimula a pequena indústria de transformação e possibilita custos menores para as famílias, além de contas mais equilibradas para as prefeituras. Em vez de se dividirem em categorias, os sindicatos de uma determinada cidade podem se articular para promover o desenvolvimento local.[60]

Em suma, os municípios do país e os bairros das metrópoles podem se tornar geradores de desenvolvimento

60 Sistematizamos propostas no relatório de pesquisa *Desenvolvimento local: empoderar a comunidade* (Dowbor *et al.*, 2023).

para o conjunto, sem que se perca a visão mais ampla e a capacidade de controle central, através da facilidade da gestão compartilhada em rede, em vez de esperarem que o desenvolvimento "chegue" por meio da atração de iniciativas externas.

Resgatar a função pública de articulação e coordenação

Se o desenvolvimento local e a apropriação das políticas de desenvolvimento na base da sociedade constituem reorientações fundamentais, pois é no local onde as pessoas vivem que as necessidades são mais bem identificadas e enfrentadas, e se a democracia pode adquirir dimensões diretamente participativas, no nível dos desafios nacionais não há como esperar que as coisas se resolvam de maneira automática pela mão invisível do mercado. Essa penosa idiotice precisa ser deixada de lado. A lentidão da mudança tem raízes na simples pretensão dos interesses privados das grandes corporações e plataformas de maximizarem seus lucros sem prestar contas à sociedade.

Até que ponto chegaremos, no que diz respeito a desigualdades, dramas ambientais e catástrofes de todo tipo, para que surja a compreensão de que necessitamos de um processo de desenvolvimento equilibrado, e de que o atual desequilíbrio resulta do desajuste das instituições herdadas de outros tempos?

Os numerosos autores que abordamos neste livro possuem em comum a compreensão de que o desenvolvimento equilibrado se organiza, não surge de forma mágica. O rumo é claro: precisamos de uma sociedade economicamente viável, mas também socialmente justa e ambientalmente sustentável. Este tripé básico hoje é consensual.

Tom Malleson (2023) analisa nossos potenciais econômicos em torno do conceito de "sistema produtivo social": toda produção é, na realidade, uma produção social. O produtor de um produto final pode assumir a glória dos resultados obtidos e tentar justificar as fortunas e a desigualdade, mas sua produtividade se apoia em infraestruturas fundamentais construídas com recursos de toda a sociedade, como as redes de transporte, energia, telecomunicações, água e saneamento, além dos sistemas de saúde, educação e segurança.

"Todas essas coisas foram construídas por um grande número de pessoas em cadeias complexas de cooperação. Elas aumentam massivamente a capacidade produtiva dos indivíduos que participam do sistema econômico", diz Malleson (2023, p. 141). Mas os indivíduos também se aproveitam da infraestrutura política e institucional e de suas regras sobre propriedade, segurança e finanças: "O ponto essencial aqui é que a produção econômica contemporânea não poderia acontecer sem essa infraestrutura político-legal" (Malleson, 2023, p. 141).

Igualmente essencial é nossa herança cultural comum, que assegura a agilidade das transações e a riqueza da cooperação, o que Robert Putnam chama de "capital social". Acrescente-se a herança de conhecimentos acumulados na sociedade:

> na atualidade, é amplamente reconhecido que uma fonte essencial (se não a mais importante) da prosperidade moderna é o conhecimento coletivo acumulado que herdamos do passado [...]. Muitos economistas hoje concordam com Abramovitz [...], para quem aproximadamente 80% do crescimento econômico no século passado foi criado não pelos insumos de trabalho ou capital em si, mas pelo progresso tecnológico no sentido mais amplo. (Malleson, 2023, p. 143)

Integram esse aporte mais amplo o imenso investimento educacional e sua contribuição para a infraestrutura do conhecimento. As corporações que conseguem reduzir seus impostos ou driblá-los se esquecem de quem financiou a formação de seus técnicos.

Malleson também ressalta o imenso aporte do que hoje chamamos de economia do cuidado: "Os cuidados (*care*) dispensados às pessoas jovens são o que as tornam capazes de fazer qualquer coisa" (Malleson, 2023, p. 144). Esse cuidar das pessoas, em grande parte feminino e não assumido como aporte produtivo, faz parte do que ele chama de "infraestrutura invisível". Um relatório da ONU dá uma dimensão dessa área tão esquecida pelos economistas:

> O foco no aumento do PIB obscurece a importância do trabalho doméstico e de cuidados e a necessidade de valorizá-lo melhor. Aproximadamente 16,4 bilhões de horas são gastas todos os dias em cuidados pessoais diretos de crianças pequenas ou parentes mais velhos e atividades de cuidados indiretos, como cozinhar, limpar ou coletar água ou lenha. Isso representa dois bilhões de pessoas trabalhando oito horas por dia sem remuneração. Se essa contribuição fosse remunerada com base no salário mínimo por hora, representaria 9% do PIB global. Mais de três quartos desse trabalho (76,4%) são prestados por mulheres, que dedicam 3,2 vezes mais tempo do que os homens ao trabalho de cuidado não remunerado. (Schutter, 2024) [61]

61 Ver o artigo de Sergio Ferrari (2024) sobre o relatório. O documento original em inglês é curto (dezesseis páginas)

Acrescentem-se os grandes investimentos da sociedade nas infraestruturas de saúde, sem os quais seria impossível a produtividade individual que as pessoas tendem a atribuir à genialidade de alguns. "Por exemplo, uma razão pela qual o Canadá sofreu danos econômicos com a covid-19 muito menores do que os Estados Unidos resulta, pelo menos em parte, da cobertura universal dos serviços de saúde canadenses" (Malleson, 2023, p. 145).

Grande parte da riqueza acumulada também resulta da apropriação de recursos naturais. Gostamos de falar de "produtores de petróleo", quando se trata de um recurso natural acumulado: "Muitos dos nossos carros, bem como o aquecimento, a eletricidade e, na realidade, grande parte da própria vida industrial, podem existir apenas porque são movidos por uma imensa herança natural de combustíveis fósseis, formada durante um período de sessenta milhões de anos" (Malleson, 2023, p. 145).

O aporte da natureza de forma geral é bem mais amplo, e o solo que herdamos é da humanidade. As florestas cuja exploração e comercialização tanto enriquecem os que se apropriam sem ter precisado plantá-las: tudo isso foi herdado. Em outros termos, a produtividade é parte de

---

e direto, resumindo os desafios da pobreza e propondo medidas essenciais.

uma imensa herança natural e social, e o monopólio que permite a concentração dos resultados nas mãos de poucos bilionários não tem legitimidade: constitui apropriação indébita, como já vimos no estudo de Gar Alperovitz e Lew Daly (2008).

> Tudo isso importa, pois demonstra as razões pelas quais a produtividade e a propriedade em si nunca emergem apenas do indivíduo. Pelo contrário, a produção é sempre um processo profundamente social, interdependente, envolvendo o pano de fundo do labor de grande parte da comunidade [...]. Toda produção é, na realidade, uma produção social. (Malleson, 2023, p. 146)

A força de Michael Sandel em seu livro *A tirania do mérito* (2020) está em desmontar os argumentos com os quais os mais ricos se protegem. O importante para os afortunados é defender seu merecimento, que traz implicitamente a ideia de que os que não sobem na vida não devem culpar o dreno de riqueza para o topo, mas sua própria incapacidade. Ou seja, os pobres são culpados pela própria pobreza.

Sandel insiste enfaticamente no sentimento de humilhação na base da sociedade. Explorados de maneira ostensivamente injusta pelos aristocratas e pelos senhores da terra em diversos sistemas, os servos eram obrigados a se submeter, mas tinham a compreensão da injustiça que sofriam. Atualmente, os trabalhadores não apenas são reduzidos à pobreza e privados de oportunidades como também precisam aceitar a narrativa de que isso resulta de sua própria incapacidade ou falta de vontade de trabalhar. Afinal, sempre há alguns exemplos de pobres que subiram na vida.

Sandel restabelece o bom senso: "Ser bom em ganhar dinheiro não mede nem nosso mérito nem o valor de nossa contribuição" (Sandel, 2020, p. 201). No conjunto, ao desmontar a farsa do mérito, ele propõe uma ampla reorientação política, centrada nos valores e resultados efetivos para a sociedade. As soluções não podem se limitar à dimensão econômica.

O congelamento da maioria da população na pobreza e na imobilidade social leva, por sua vez, a desastres políticos. Muitos oportunistas se elegem com o discurso do ódio, alimentado pela frustração na base da sociedade. Buscamos mudanças no sentido do aprofundamento da democracia, da expansão das dimensões colaborativas, da generalização das políticas inclusivas e do deslocamento da filosofia absurda da guerra de todos contra todos — tudo isso envolve mudanças civilizatórias mais abrangentes. É uma mudança cultural, no sentido mais profundo, através, sem dúvida, do resgate da função pública do

Estado, mas muito mais: somos todos responsáveis pelos impactos do que fazemos.

A economia nunca é apenas economia; na realidade é economia política, com todas as suas dimensões e complexidades. Assim, é fundamental assegurar a presença do poder público como regulador e definidor das regras do jogo. Trata-se precisamente do equilíbrio fundamental entre o econômico, o social e o ambiental, sem simplificações ideológicas, como a de que a empresa privada seria mais eficiente ou menos corrupta que as estatais. Como sabemos, a corrupção é uma dinâmica de duas vias, e hoje vemos no Brasil uma grande quantidade de políticos que simplesmente "pertencem" a grupos empresariais. Não são corrompidos apenas para um voto específico ligado a interesses, são adquiridos por atacado — e pelo setor privado.

Como trabalhei vários anos no quadro da ONU, organizando políticas econômicas em diversos países, a própria necessidade de dar respostas coerentes aos desafios me leva a priorizar formas institucionais diversificadas segundo o tipo de atividade. O setor privado empresarial pode se regular com mecanismos de mercado quando se trata de produção de automóveis, relógios ou panelas. Já a privatização de infraestruturas de transporte, energia, telecomunicações ou água e saneamento produz monopólios desastrosos. Esses setores devem ser geridos segundo o interesse público. Saúde, educação e segurança não são como bicicletas ou tomates, e sua apropriação privada, em busca de maximização de lucros, cria ilhas de luxo que dividem a sociedade. Quando não é fortemente regulado e confrontado com a oferta de serviços públicos de baixo custo, o sistema financeiro amplia os escândalos e gera fortunas baseadas em pedágios.[62]

Em outros termos, em vez de aderir a simplificações ideológicas com discursos sobre "liberdade" e "propriedade privada", ou o absurdo e oportunista "Deus, Pátria, Família", precisamos organizar soluções diferenciadas de acordo com os diversos setores da economia na complexa sociedade atual. Basta analisar o funcionamento da educação na Finlândia, o da saúde no Canadá, o financiamento produtivo na China e tantos outros exemplos para se dar conta da necessidade de um pragmatismo pé no chão. O equilíbrio das opções só será possível com o resgate das funções públicas. A fragilização do Estado gera somente caos.

62 O detalhamento das soluções diferenciadas segundo os setores pode ser encontrado em Dowbor (2021).

Priorizamos aqui algumas reorientações nas nossas frentes de luta — em torno do resgate da soberania, do controle dos recursos financeiros, da liberação do acesso ao conhecimento, do empoderamento das comunidades por meio da descentralização. Todos esses aspectos envolvem, como denominador comum, a recuperação do papel do Estado. As dimensões da governança e as formas de repensar nosso modo de organização como sociedade são uma maneira de atualizar os objetivos e as formas de alcançá-los.

Demasiadas transformações decorreram da revolução digital para que continuemos a tentar resgatar direitos erodidos, em vez de buscar os novos e mais amplos potenciais que se abrem. Se os objetivos não parecem realistas, é bom lembrar que, no ritmo atual de agravamento das catástrofes planetárias, chegará o momento em que uma massa suficiente de atores sociais despertará para fazê-los possíveis.

Nos Estados Unidos, durante a Segunda Guerra Mundial, o conjunto dos esforços do governo, das empresas, dos centros de pesquisa, das universidades e dos movimentos sociais foi reorientado para responder ao desafio compartilhado da emergência daquele momento. Houve uma convergência em torno do principal desafio. O choque causado pelos desastres e pela cifra de sessenta milhões de mortos permitiu a criação da ONU e outros sistemas de regulação planetária, hoje ultrapassados, mas que constituíram um progresso importante. Só os cegos não veem a dimensão de nossos atuais problemas. A ficção dos livres mercados e da mão invisível precisa ser substituída pela confluência racionalmente organizada dos esforços para enfrentar nossos desafios críticos.

Conclusão

Por vezes nos esquecemos disso, mas a economia deveria servir à sociedade, não o inverso.

— Joseph Stiglitz, *The Road to Freedom* (2024)

É ousado ou exagerado enxergar no sistema capitalista em expansão um novo modo de produção? Na minha visão, foram demasiados os mecanismos estruturantes que se deslocaram para que continuemos a chamar esta nova realidade de "capitalismo", mesmo se acrescentarmos o qualificativo "neoliberal". Ela é mais do que um "neo" sobreposto ao liberalismo. A base tecnológica, os mecanismos de controle dos processos produtivos, as formas de apropriação do excedente, a dimensão do controle político, as relações de trabalho, as narrativas e formas de manipulação das pessoas, o alcance territorial das plataformas globais — tudo isso constitui um novo sistema articulado ou, em todo caso, em articulação.

Denomino esta nova fase de "revolução digital", que gera um modo de produção rentista e uma divisão de classes diferenciada. A indústria não desapareceu, assim como a agricultura sobreviveu à Revolução Industrial.

Mas o eixo estruturante se deslocou, e as várias dimensões da atual revolução, devido a suas características tecnológicas, tendem a gerar um novo sistema.

A fragilidade e o caos mundial resultantes possuem forte relação com o fato de que as tecnologias e o controle econômico mudaram de forma qualitativa a base produtiva, enquanto as superestruturas institucionais e as formas de organização política e regulação econômica permanecem na era analógica: a tecnologia avança muito mais rapidamente do que as instituições. É enorme o peso da financeirização, que atua no plano global, enquanto os mecanismos de regulação possuem âmbito nacional.

As plataformas se apropriam das tecnologias e ocupam o espaço. Se um país busca adequar seus capitais financeiros para que sirvam ao desenvolvimento, os donos do dinheiro dizem que se mudarão para outros países, ou para paraísos fiscais. Realmente, com apenas um *enter*, a sede legal e fiscal de uma corporação se transfere para Luxemburgo ou para as Ilhas Cayman, e o dinheiro imaterial é simplesmente registrado em outro território. Gerou-se um amplo hiato entre o território global das plataformas de informação, comunicação e finanças e a dimensão nacional da política.

No capitalismo que conhecíamos, que funcionou razoavelmente no quadro do Estado de bem-estar social durante os trinta anos do pós-guerra, os capitais pertenciam a um país e, bem ou mal, eram obrigados a seguir as regras e a regulação correspondentes. Além disso, por integrarem o universo da produção de bens e serviços, eles entravam em concorrência com outros produtores em mercados que eram efetivamente concorrenciais. Precisavam fornecer serviços e produtos socialmente úteis, ou seriam ultrapassados. E pagavam impostos ao comercializarem seus produtos.

Hoje, os capitais são fluxos globais que se deslocam para lugares onde não serão controlados. Detêm suficiente poder de monopólio para não se preocupar com a concorrência e têm poder político para mudar as leis e evitar os impostos, ou podem simplesmente recorrer a paraísos fiscais. Frente aos dramáticos efeitos de desigualdade e das catástrofes ambientais que geram, contentam-se em encarregar seus departamentos de relações públicas de promoverem o ESG, melhorando sua imagem.

O rentismo global não é controlado pela regulação do sistema público, nem pelos mecanismos de mercado. Em situação de monopólio e oligopólio, podem se chamar de "mercados" — mas sem concorrência não há mercados, apenas controle. Seus magnatas giram soltos. Quando um Elon Musk ameaça derrubar o governo da Bolívia ou ataca o sistema judiciário do Brasil, ele está simplesmente exercitando os novos músculos das plataformas globais.

David Boyd, relator especial da ONU, desabafa:

> Sabemos que a indústria do tabaco mentiu descaradamente durante décadas. A indústria do chumbo fez o mesmo. A indústria do amianto fez o mesmo. A indústria do plástico tem feito o mesmo. A indústria dos agrotóxicos tem feito o mesmo [...]. Parece que há algo errado em nosso cérebro, porque não conseguimos entender quão grave é a situação. Eu penso que o direito a um meio ambiente saudável é, na realidade, o fundamento que exigimos para usufruirmos de todos os outros direitos humanos. Se não tivermos um planeta Terra vivo e saudável, todos os outros direitos serão apenas palavras no papel. (Boyd, 2024)

Boyd poderia ter acrescentado a essa lista de indústrias o sistema que financia tais absurdos e o aparato de comunicação que os justifica.

Isso tudo tem pouco a ver com o padeiro de Adam Smith, que, para ganhar dinheiro, mesmo sem preocupação social, precisava produzir bom pão a preços razoáveis, pois uma padaria concorrente podia aparecer no bairro. Aliás, o preço da farinha dependia de políticas de importação reguladas pelo governo. O aparelho conceitual com o qual temos analisado a nova realidade é simplesmente arcaico. Serve apenas para alguns setores, em particular as pequenas e médias empresas, mas não mais para a máquina global que enfrentamos. Ele inclusive permite que o atual sistema destrutivo se cubra da legitimidade que o capitalismo produtivo ainda possuía.

Não tenho problema em assumir o caráter incipiente da minha análise. Trata-se de um esboço das principais características da revolução digital em curso. A base sobre a qual devemos construir nossa compreensão dos mecanismos e o aparelho conceitual correspondente produz resultados mais sólidos e coerentes do que a multiplicação de qualificativos para um sistema hoje ultrapassado. O que vemos de permanente na história é: há os que ganham porque trabalham e os que ganham com o trabalho de outrem. Mas precisamos assumir que hoje vivemos uma realidade diferente, com dinâmicas que interagem de forma nova.

Isso exige a construção de análises e políticas que respondam aos novos desafios. A luta salarial continua essencial, mas, na atual realidade fragmentada, com a fragilização do operariado e dos sindicatos e o aprofundamento de novas contradições, é necessário ampliar a visão. Precisamos de uma proposta civilizatória que se contraponha à expansão da barbárie.

O eixo central é que as mesmas tecnologias que ampliaram de maneira radical a exploração e a manipulação das pessoas e que destroem o meio ambiente, base natural de nossa sobrevivência, podem ter seu sinal político invertido para servir à libertação. Não se trata apenas de batalhar por uma fatia maior do bolo contaminado, melhorando os salários, mas de afirmar claramente que esse não é o bolo que queremos.

É possível reconciliar os valores éticos de uma sociedade sustentável e a prosperidade econômica, o que tem potencial para gerar um profundo efeito mobilizador entre populações desorientadas. Na era das máquinas, a socialização dos meios de produção podia ser o caminho: eram fábricas, máquinas concretas. Na era da revolução digital, o desafio é diferente e mais complexo: envolve a recuperação da função social e ambiental do novo universo das plataformas, e em particular o resgate do papel articulador e regulador do Estado, a capacidade de colocar o interesse público, o bem-estar das famílias e a sustentabilidade do processo na linha de frente.

Referências

ALMEIDA, Fernando *et al.* "Os desafios atuais da universidade: o mundo contemporâneo, as redes de conhecimento e o compromisso da universidade", *Tec Logos — Revista Digital de Tecnologias Cognitivas*, n. 26, p. 102-120, 2022.

ALPEROVITZ, Gar & DALY, Lew. *Unjust Deserts: How the Rich Are Taking Our Common Inheritance and Why We Should Take It Back*. Nova York: The New Press, 2008. [Ed. bras.: *Apropriação indébita: como os ricos estão tomando a nossa herança comum*. Trad. Renata Lucia Bottini. São Paulo: Editora Senac, 2010.]

ANG, Carmen. "How Do Big Tech Giants Make Their Billions?", *Visual Capitalist*, 25 abr. 2022.

BAKER, Raymond W. *Invisible Trillions: How Financial Secrecy Is Imperiling Capitalism and Democracy, and the Way to Renew Our Broken System*. Oakland: Berrett-Koehler, 2023.

BANQUE DE FRANCE. "Taux d'usure 2022T1", 30 dez. 2021. Disponível em: https://www.banque-france.fr/fr/statistiques/taux-et-cours/taux-dusure-2022t1.

BCB — BANCO CENTRAL DO BRASIL. "Estatísticas monetárias e de crédito: nota para a imprensa", 2 abr. 2024.

BERNERS-LEE, Tim. *Weaving the Web: The Original Design and Ultimate Destiny of the World Wide Web*. Nova York: HarperCollins, 2000.

BIAGINI, Cédric & CARNINO, Guillaume. "Biblioteca de bolso", *Le Monde Diplomatique Brasil*, set. 2009.

BLANDY, Beatriz & DOWBOR, Ladislau. "A financeirização da educação brasileira e seus impactos", *Revista Eletrônica Pesquiseduca*, v. 14, n. 36, p. 801-25, 2023.

BOYD, David. "U.N. Expert Attacks 'Exploitative' World Economy in Flight to Save Planet", *The Guardian*, 7 maio 2024.

BOYLE, James. *The Public Domain: Enclosing the Commons of the Mind*. New Haven: Yale University Press, 2008.

BRASIL. *Constituição da República Federativa do Brasil de 1988*. Brasília: Presidência da República, 2016.

CAMPBELL, MacGregor. "Robots to Get Their Own Operating System", *New Scientist*, 8 ago. 2009.

CASTELLS, Manuel. *The Information Age: Economy, Society, and Culture*, v. 1, *The Rise of the Network Society*. Hoboken: Wiley-Blackwell, 2009. [Ed. bras.: *A sociedade em rede*. Trad. Roneide Venancio Majer. São Paulo: Paz e Terra, 1999.]

CASTELLS, Manuel. *Advanced Introduction to Digital Society*. Cheltenham: Edward Elgar, 2024.

CHANG, Ha-Joon. *Kicking Away the Ladder: Development Strategy in Historical Perspective*. Londres: Anthem Press, 2002. [Ed. bras.: *Chutando a escada: a estratégia do desenvolvimento em perspectiva histórica*. Trad. Luiz Antônio Oliveira de Araújo. São Paulo: Editora Unesp, 2003.]

CHANG, Ha-Joon. *Globalization, Economic Development and the Role of the State*. Londres/Penang: Zed/Third World Network, 2003.

CHRISTOPHERS, Brett. *Rentier Capitalism: Who Owns the Economy, and Who Pays for It?* Londres: Verso, 2020.

CHRISTOPHERS, Brett. *Our Lives in Their Portfolios: Why Asset Managers Own the World*. Londres: Verso, 2023.

CLEMENTE, Felippe; LÍRIO, Viviani Silva & ARANSIOLA, Temidayo James. "Brazilian Evidence on Tax Evasion and Enforcement: A Case Study of Global North-South Comparison", *Criminal Justice Review*, v. 46, n. 4, p. 450-65, 2021.

CRAVEIRO, Gisele; MACHADO, Jorge & ORTELLADO, Pablo. *O mercado de livros técnicos e científicos no Brasil*. Bauru: Canal 6, 2008.

CREDIT SUISSE. *Global Wealth Databook 2022*. Zurique: Credit Suisse Research Institute, 2022.

DIAS, Lia Ribeiro. "O direito democrático à comunicação", *A Rede: Tecnologia para a Inclusão Social*, v. 2, n. 17, 15 ago. 2006.

DOCTOROW, Corey. "Estudo especial: a captura da tecnologia", *Outras Palavras*, 5 abr. 2023.

DOWBOR, Ladislau. "Prefácio". *In*: FREIRE, Paulo. *À sombra desta mangueira*. São Paulo: Olho d'Água, 1995, p. 7-14.

DOWBOR, Ladislau. *A reprodução social*. Petrópolis: Vozes, 2003.

DOWBOR, Ladislau. *Democracia econômica: novas tendências da gestão social*. Petrópolis: Vozes, 2008.

DOWBOR, Ladislau. *A era do capital improdutivo*. São Paulo: Autonomia Literária/Outras Palavras, 2017.

DOWBOR, Ladislau. *O capitalismo se desloca: novas arquiteturas sociais*. São Paulo: Edições Sesc, 2020.

DOWBOR, Ladislau. *Pão nosso de cada dia: opções econômicas para sair da crise*. São Paulo: Autonomia Literária/Outras Palavras, 2021.

DOWBOR, Ladislau. "Como se informar: na era dos fake, não falta informação", *Dowbor.org*, 8 fev. 2022a.

DOWBOR, Ladislau. "O marketing da alienação total", *Outras Palavras*, 18 out. 2022b.

DOWBOR, Ladislau. *Resgatar a função social da economia: uma questão de dignidade humana*. São Paulo: Elefante, 2022c.

DOWBOR, Ladislau. "The Global Health Management Challenges: The Global Challenges of Privatization and Economic Interests", *Meer*, 9 maio 2024.

DOWBOR, Ladislau & POCHMANN, Márcio (org.). *Políticas para o desenvolvimento local*. São Paulo: Editora Fundação Perseu Abramo, 2010.

DOWBOR, Ladislau & RODRIGUES, Eduardo Magalhães. "Saúde privada: poder, captura e rédea solta", *Outras Palavras*, 11 jul. 2024.

DOWBOR, Ladislau *et al.* (org.). *Desenvolvimento local: empoderar a comunidade*. São Paulo: Instituto Lula, 2023.

ECKERSLEY, Peter. "Finding a Fair Price for Free Knowledge", *New Scientist*, 24 jun. 2009.

ELLIOTT, Larry. "Developing Countries Face Worst Debt Crisis in History, Study Shows", *The Guardian*, 21 jul. 2024.

ERTEL, Lurdete. "Os bilionários brasileiros de 2022", *Forbes*, 15 dez. 2022.

EPSTEIN, Gerald. *Busting the Bankers' Club: Finance for the Rest of Us*. Oakland: University of California Press, 2024.

FARRELL, Henry & NEWMAN, Abraham. *Underground Empire: How America Weaponized the World Economy*. Nova York: Henry Holt, 2023.

FERRARI, Sergio. "Relatório revelador da ONU: o mito do crescimento para todos", *Brasil 247*, 15 jul. 2024.

FISHER, Max. *A máquina do caos: como as redes sociais reprogramaram nossa mente e nosso mundo*. Trad. Érico Assis. São Paulo: Todavia, 2023.

FMI — FUNDO MONETÁRIO INTERNACIONAL. *World Economic Outlook Database: War Sets Back the Global Recovery*. Washington: FMI, 2022.

FRASER, Nancy. *Cannibal Capitalism: How Our System Is Devouring Democracy, Care, and the Planet — and What We Can Do About It*. Londres: Verso, 2023.[Ed. bras.: *Capitalismo canibal: como nosso sistema está devorando a democracia, o cuidado e o planeta e o que podemos fazer a respeito disso*. Trad. Aline Scátola. São Paulo: Autonomia Literária, 2024.]

GALLOWAY, Scott. "Big Energy", *Medium*, 12 maio 2024. Disponível em: https://medium.com/@profgalloway/big-energy-2288ff06a717.

GAYLE, Damien. "Banks Have Given Almost $7tn to Fossil Fuel Firms since Paris Deal", *The Guardian*, 13 maio 2024.

GHOSH, Jayati. "Why and How Economics Must Change", *Finance & Development Magazine*, p. 22-4, mar. 2024.

GORZ, André. *O imaterial: conhecimento, valor e capital*. Trad. Celso Azzan Júnior. São Paulo: Annablume, 2005.

HARZOG, Beverly Blair *et al.* (org.). *How Money Works: The Facts Visually Explained*. Londres: DK, 2017.

HENDERSON, Hazel. *Building a Win-Win World: Life Beyond Global Economic Warfare*. Oakland: Berrett-Koehler, 1996.

HENRY, James S. *The Price of Offshore Revisited*. Bristol: Tax Justice Network, 2012.

HESS, Charlotte & OSTROM, Elinor. *Understanding Knowledge as a Commons: From Theory to Practice*. Cambridge: MIT Press, 2007.

HOPER EDUCAÇÃO. *Análise setorial da educação superior privada*. 15. ed. Foz do Iguaçu: Hoper, 2023.

HUDSON, Michael. *The Destiny of Civilization: Finance Capitalism, Industrial Capitalism or Socialism*. Dresden: ISLET, 2022.

IBGE — INSTITUTO BRASILEIRO DE GEOGRAFIA E ESTATÍSTICA. *Censo Agropecuário 2017: características gerais das produções agropecuária e extrativista, segundo a cor ou raça do produtor e recortes territoriais específicos*. Brasília: IBGE, 2022.

JACOBS, Frank. "'The West' Is in Fact the World's Biggest Gated Community", *Big Think*, 12 out. 2009.

JIN, Keyu. *The New China Playbook: Beyond Socialism and Capitalism*. Nova York: Viking, 2023.

KELLY, Marjorie. *The Divine Right of Capital: Dethroning the Corporate Aristocracy*. São Francisco: Berrett-Koehler, 2001.

KELLY, Marjorie. *Wealth Supremacy: How the Extractive Economy and the Biased Rules of Capitalism Drive Today's Crises*. São Francisco: Berrett-Koehler, 2023.

KROEBER, Arthur R. *China's Economy: What Everyone Needs to Know*. Londres: Oxford University Press, 2016.

LESSIG, Lawrence. *The Future of Ideas: The Fate of the Commons in a Connected World*. Nova York: Random House, 2001.

LESSIG, Lawrence. *Remix: Making Art and Commerce Thrive in the Hybrid Economy*. Nova York: Penguin, 2008.

LEVY, Pierre. *A inteligência coletiva: por uma antropologia do ciberespaço*. São Paulo: Loyola, 1998.

LU, Marcos. "The Top Private Equity Firms by Country", *Visual Capitalist*, 29 abr. 2024.

LUQUE, Carlos Antonio; SILBER, Simão Davi; LUNA, Francisco Vidal & ZAGHA, Roberto. "Uso e abuso da taxa de juros", *Valor Econômico*, 11 maio 2022.

MALLESON, Tom. *Against Inequality: The Practical and Ethical Case for Abolishing the Superrich*. Londres: Oxford University Press, 2023.

MARKS, Paul. "Cities Race to Reap the Rewards of Wireless Net for All", *New Scientist*, 25 mar. 2006.

MARTIN, Matthew & WADDOCK, David. "Time for a Nordic Initiative? Resolving the Worst Ever Global Debt Crisis", Norwegian Church Aid, 2024.

MASON, J. W. "Disgorge the Cash: The Disconnect Between Corporate Borrowing and Investment", Roosevelt Institute, 2015.

MATTEI, Clara E. *A ordem do capital: como economistas inventaram a austeridade e abriram caminho para o fascismo*. Trad. Heci Regina Candiani. São Paulo: Boitempo, 2023.

MAZZUCATO, Mariana. *The Entrepreneurial State: Debunking Public Versus Private Sector Myths*. Londres: Anthem, 2011.

MAZZUCATO, Mariana. *The Value of Everything: Making and Taking in the Global Economy*. Nova York: Portfolio Penguin, 2018.

MAZZUCATO, Mariana. *Missão economia: um guia inovador para mudar o capitalismo*. Trad. Afonso Celso da Cunha Serra. São Paulo: Portfolio Penguin, 2022.

NIC.BR — NÚCLEO DE INFORMAÇÃO E COORDENAÇÃO DO PONTO BR. *Conectividade significativa: propostas para medição e o retrato da população no Brasil*. São Paulo: CGI.BR, 2024.

OMS, Juliana (org.). *O consumidor na era da pontuação de crédito*. Belo Horizonte: Casa do Direito, 2022.

ONU — ORGANIZAÇÃO DAS NAÇÕES UNIDAS. *Promoting Development and Saving the Planet: World Economic and Social Survey*. Nova York: ONU, 2009.

OREIRO, José Luis da Costa; PAULA, Luiz Fernando Rodrigues de; PEREIRA, Luiz Carlos Bresser; SILVA, Kalinka Martins da & MAGALHÃES, Luiz Carlos Garcia de. "Carta aberta ao presidente Lula", *José Luis Oreiro: Economia, Opinião e Atualidades*, 18 nov. 2022. Disponível em: https://jlcoreiro.wordpress.com/2022/11/18/carta-aberta-ao-presidente-lula/.

OXFAM. "Survival of the Richest: How We Must Tax the Super-Rich Now to Fight Inequality", Oxfam Briefing Paper, jan. 2023.

OXFAM. "Desigualdade S.A.: como o poder das grandes empresas divide o nosso mundo e a necessidade de uma nova era de ação pública", Oxfam Briefing Paper, jan. 2024.

PIKETTY, Thomas. *O capital no século XXI*. Trad. Mônica Baumgarten de Bolle. Rio de Janeiro: Intrínseca, 2014.

POCHMANN, Márcio. "O violento consenso das commodities", *Outras Palavras*, 30 jan. 2023.

POLYCHRONIOU, C. J. "Is the U.S. Dollar on the Verge of Being Dethroned as the World's Currency?", *Truthout*, 17 jul. 2023.

QUAGLIA, Sofia. "Survey Finds that 60 Firms Are Responsible for Half of the World's Plastic Pollution", *The Guardian*, 24 abr. 2024.

RAYMOND, Eric S. *The Cathedral and the Bazaar: Musings on Linux and Open Source by an Accidental Revolutionary*. Sebastopol: O'Reilly, 2001.

REHBEIN, Kristina. "In Search of Financial Justice", *IPS*, 9 out. 2023.

RIFKIN, Jeremy. *A era do acesso*. Trad. Maria Lucia G. L. Rosa. São Paulo: Makron Books, 2001.

RIFKIN, Jeremy. *The Zero Marginal Cost Society: The Internet of Things, the Collaborative Commons, and the Eclipse of Capitalism*. Nova York: St. Martin's, 2014.

RODRIGUES, Eduardo Magalhães. "Quem está no comando: poder econômico entre grupos hegemônicos no Brasil", *Revista Pesquisa e Debate*, v. 35, n. 1, p. 171-92, 2023.

SAEZ, Emmanuel & ZUCMAN, Gabriel. *The Triumph of Injustice: How the Rich Dodge Taxes and How to Make Them Pay*. Nova York: W.W. Norton, 2019.

SAINATO, Michael. "'We Deserve More': U.S. Workers' Share of the Pie Dwindles", *The Guardian*, 6 maio 2024.

SANDEL, Michael J. *A tirania do mérito: o que aconteceu com o bem comum?* Trad. Bhuvi Libanio. Rio de Janeiro: Civilização Brasileira, 2020.

SCHUTTER, Olivier de. "Eradicating Poverty Beyond Growth: Report of the Special Rapporteur on Extreme Poverty and Human Rights", Conselho de Direitos Humanos da ONU, 2024.

SHEPETYUK, Ivanna. "What Is the Average Marketing Budget by Industry?", *Merehead*, 14 mar. 2023.

STIGLITZ, Joseph. "A Better Way to Crack It", *New Scientist*, v. 191, n. 2.569, p. 20, 16 set. 2016.

STIGLITZ, Joseph. *The Road to Freedom: Economics and the Good Society*. Nova York: W.W. Norton, 2024.

SULEYMAN, Mustafa & BHASKAR, Michael. *The Coming Wave: Technology, Power, and the Twenty-First Century's Greatest Dilemma*. Nova York: Crown, 2023. [Ed. bras.: *A próxima onda: inteligência artificial, poder e o maior dilema do século XXI*. Trad. Alessandra Bonrruquer. Rio de Janeiro: Record, 2023.]

SWEEZY, Paul & MAGDOFF, Harry. *Stagnation and the Financial Explosion*. Nova York: Monthly Review Press, 1987.

TAPSCOTT, Don & WILLIAMS, Anthony. *Wikinomics: como a colaboração em massa pode mudar o seu negócio*. Trad. Marcello Lino. Rio de Janeiro: Nova Fronteira, 2007.

TOFFLER, Alvin. *A terceira onda: a morte do industrialismo e o nascimento de uma nova civilização*. Rio de Janeiro: Record, 1981.

TRANSNATIONAL INSTITUTE. "Big Tech: The Rise of GAFAAMT" [infográficos], 31 jan. 2023. Disponível em: https://www.tni.org/en/big-tech-the-rise-of-gafaamt.

UBS — UNITED BANK OF SWITZERLAND. "Global Wealth Report 2023: Leading Perspectives to Navigate the Future", Credit Suisse Research Institute, 2023.

UNRISD — UNITED NATIONS RESEARCH INSTITUTE FOR SOCIAL DEVELOPMENT. *Crises of Inequality: Shifting Power for a New Eco-Social Contract*. Genebra: Unrisd, 2022.

VAROUFAKIS, Yanis. *Technofeudalism: What Killed Capitalism*. Londres: Melville House, 2023.

VITALI, Stefania; GLATTFELDER, James B. & BATTISTON, Stefano. "The Network of Global Corporate Control", *PLOS One*, v. 6, n. 10, 2011.

ZANETI, Hermes. *O complô: como o sistema financeiro e seus agentes políticos sequestraram a economia brasileira*. São Paulo: Verbena, 2017.

FOTO: AGÊNCIA SENADO

LADISLAU DOWBOR é professor de economia da Pontifícia Universidade Católica de São Paulo (PUC-SP), consultor de agências da ONU e gestor do site http://dowbor.org, pequena biblioteca científica com textos disponíveis gratuitamente. Seus livros mais recentes são *A era do capital improdutivo* (Autonomia Literária/Outras Palavras, 2017), *O capitalismo se desloca* (Edições Sesc, 2020), *O pão nosso de cada dia* (Autonomia Literária/Outras Palavras, 2021) e *Resgatar a função social da economia* (Elefante/Outras Palavras, 2022).

Primeira edição, fevereiro de 2025
São Paulo, Brasil

Dados Internacionais de Catalogação na Publicação (CIP)
Angélica Ilacqua CRB-8/7057

Dowbor, Ladislau
Os desafios da revolução digital : libertar o conhecimento para o
bem comum / Ladislau Dowbor — São Paulo : Elefante, 2025.
256 p.

Bibliografia
ISBN 978-65-6008-069-0

1. Tecnologia - Aspectos sociais I. Título

24-5667 CDD 303.483

Índice para catálogo sistemático:
1. Tecnologia - Aspectos sociais

elefante
editoraelefante.com.br
contato@editoraelefante.com.br
fb/editoraelefante
@editoraelefante

TIPOGRAFIA Aeonik & Lyon Text
PAPEL Cartão 250 g/m² & Ivory Bulk 65 g/m²
IMPRESSÃO Margraf